DE LA HAINE À L'AMOUR

Kesnel Paul Louissaint

DE LA HAINE À L'AMOUR

Éditions Elficia

Dépôt légal : août 2022

Coryright © Edition original par Kesnel Paul Louissaint

Tous droits réservés

Aucune partie de ce livre ne peut être reproduite ou incorporée dans un système informatique ou transmise sous quelque forme ou par quelque moyen que ce soit, électronique, mécanique, photocopie, enregistrement ou autre, sans l'autorisation écrite préalable de l'auteur.

Première publication : Août 2022

Titre : De la Haine à l'Amour

Merci d'avoir acheté ce livre !

Remerciement.

Je voudrais remercier les révérends : Bernard Antoine C.S.C, Jean Max Hugues, OP, décédé, M. Polycarpe Lafayette et toute ma famille pour leur soutien et le temps qu'ils ont consacré à la lecture de cette plaquette.

Biographie

Kesnel Paul était un prêtre catholique, qui a travaillé au Cap-Haïtien, à New York et en Floride, il est animateur d'émission évangélique, animateur de retraite spirituelle, conseiller matrimonial, et il est professeur de religion et de langue française. Il est né au Borgne, une petite ville côtière du Nord d'Haïti en 1977, il est le fils unique d'une famille de quatre enfants. Il est aussi un philosophe et un théologien avisé, un passionné de l'art et de la gastronomie. Aujourd'hui, il est devenu un chercheur spirituel qui tente de connaître mieux le fonctionnement du monde. Il vit désormais à Atlanta après avoir vécu dans divers endroits en Amérique et dans les Caraïbes.

Table des Matières

Présentation

Avant-propos

Chapitre I - L'amour engendre la paix

- *Ne Laissez pas Mourir l'Amour qui Est Caché en Vous*
- *Aimer, C'est Croire en la Vie*
- *Des Modèles A Imiter*
- *Où Es-Tu Caché l'Amour ?*

Chapitre II- L'Absence de l'amour tue

- *Pratiquer L'amour Est Notre Devoir*
- *La Famille, Source De Tout Vrai Amour*
- *Le Constat Flagrant*
- *L'enfant Sauvage*

Chapitre III- Le manque d'amour, est un manque de soi

- *L'amour De Dieu Et Celui Des Hommes*
- *C'est Quoi L'amour Véritable ?*
- *L'amour Agape*
- *L'amour Ou Rien*

Chapitre IV- L'Amour est tout puissant

- *Aimer Est un Acte Concret*

- *Ne Fermez Pas La Porte De Votre Cœur*
- *MÉFIEZ-Vous De La Ruse*

Chapitre V- Le langage de l'amour

- *Aimer En Toute Sincérité*
- *Qui Peut Vivre Sans L'amour ?*
- *Le Rêve De L'amour*
- *Le Témoignage Parfait*

Chapitre VI- L'amour est un baume qui guérit tout

- *L'Amour Sans Limite*
- *Qui Est Notre Prochain ?*
- *L'amour Qui Transforme Notre Vie*
- *Par Amour Tout Devient Possible*

Chapitre VII- L'amour est plus fort que toutes les raisons

- Est-Il Facile d'Aimer **?**
- *Un Amour Désintéressé*
- *Aimer, C'est Apprendre A Pardonner*

Conclusion

Bibliographie

Présentation

On raconte que Jean, l'évangéliste, qui fut semble-t-il le plus jeune des apôtres de Jésus et qui vécut le plus longtemps, lorsqu'il atteint un âge avancé, n'avait plus la force de se déplacer par ses propres moyens. Il se faisait alors porter dans les différents quartiers de la ville pour pouvoir continuer à annoncer la Bonne Nouvelle de Jésus-Christ. Il n'avait qu'un seul mot à la bouche et le déclinait sous le seul vocable : Amour ; il n'employait pratiquement plus qu'un seul verbe qu'il conjuguait à tous les modes et tous les temps : Aimer. Saint Jean s'était laissé captiver par le commandement nouveau et devint un passionné de l'amour de Dieu révélé en Jésus-Christ. Les lettres que nous possédons de lui nous rendent témoins de cette passion. On les lit et les relit sans se lasser, car elles sont pétries de la vie même de Dieu qui est Amour et qui nous appelle à la vie.

Le plaidoyer de Kesnel Paul Louissaint pour un passage décidé et vital « de la haine à l'amour » est entièrement traversé par cette même passion. Ce n'est pas un traité, ce n'est pas un discours, pas une méditation non plus. C'est une exhortation dont les accents font écho à la chaleureuse prédication de l'Évangéliste. Il ne faut pas le lire en y cherchant de thèse nouvelle. J'oserais presque dire que notre ami ne nous dit rien de radicalement nouveau. Et cependant, ces quelques pages sont toutes imprégnées de simplicité dans cette profondeur thématique : elles nous rappellent la voie unique de la vie nouvelle. Lisez-les non pas pour acquérir des idées neuves, mais pour féconder en vous le désir d'un éveil intérieur et l'éclosion de l'homme nouveau que Saint-Paul reconnaît en ceux et celles qui se laissent habiter et guider par l'amour dont le Christ nous a aimés.

Ce n'est chrétien que celui qui aime d'un cœur sans fraude et sans partage. Mais, fort heureusement, l'amour n'est pas l'exclusivité des seuls Chrétiens. C'est une vocation d'humanité. Dans les jours difficiles que traverse le monde et en particulier Haïti, les divisions, les rivalités, les intérêts particuliers constituent l'essentiel des nouvelles quotidiennes. Il n'y a en cela, hélas, rien de nouveau, mais plutôt les "vye bagay" de tous les temps. Changer nos regards sur les autres, oser la confiance, risquer la main tendue, en un mot se laisser gagner un peu d'amour, n'est-ce pas l'urgence et le défi auxquels on est confronté ? Alors, une fois encore et si possible une fois pour toutes, essayons de poser des gestes qui nous feront franchir la frontière de la haine à l'amour. Question de vie ou de mort. Kesnel Paul Louissaint, à la manière des prophètes bibliques, expose devant nous la voie du bien et la voie du mal, le chemin de la vie et le chemin de la mort. Choisissons donc, la vie. Frère Jean-Max Hugues, de l'ordre des Prêcheurs, décédé.

Avant-Propos

Devant l'escalade de la violence dans le monde plongeant des familles entières et des communautés dans le deuil, en particulier dans notre cher pays Haïti, je crois qu'il serait aberrant de ma part de garder le silence, puisque mon cœur ne peut plus se retenir. D'autant que j'ai été élevé dans une famille où l'amour a été non seulement au centre de tout, mais surtout le catalyseur de toutes nos activités quotidiennes.

Ainsi, fermer mes yeux devant tant d'injustice et de haine, perpétrée par des hommes méchants privés de l'amour véritable, me ferait encore plus de tort si je ne laissais pas parler mon cœur, pour exprimer mes préoccupations à l'égard de tant de frères et sœurs victimes de leurs sadismes et de leur indifférence. En écrivant ces pages, j'essaie d'ouvrir une fenêtre à notre jeunesse éclairée et naïve pour laquelle j'ai beaucoup d'estime, pour qu'elle comprenne davantage l'ultime intérêt que nous avons tous à nous aimer les uns les autres pour reconstruire notre cher pays Haïti et donner une chance à ce peuple si candide qui patauge dans la crasse depuis trop longtemps. Par cette initiative, je compte les aider à découvrir ce trésor qui est caché dans l'amour fraternel et l'amour patriotique.

Ainsi, je parle d'un problème planétaire ancré dans la conscience de tout homme. Cela veut dire clairement que tous mes exemples sont des faits survenus dans ce monde, certains d'entre eux sont sans doute des réalités que vous avez déjà vécues autour de vous. En un mot, je ne suis que la voix des sans voix, puisque le vrai amour est souvent sans voix. Ne me condamnez pas trop vite, si j'ose questionner certaines pratiques de notre société, car je suis avant tout un assoiffé d'amour comme tant d'autres qui essaient de donner un sens à ma vie en ouvrant mon cœur chaque jour pour recueillir les handicapés de l'amour.

Je reconnais qu'il peut y avoir des imperfections dans mes formulations, l'essentiel pour moi, c'est de susciter en vous un désir de s'aimer et de se pardonner les uns, les autres. « Bien-aimés, aimons-nous les uns les autres, puisque l'amour vient de Dieu ». Celui qui aime est né de Dieu et connaît Dieu. Celui qui n'aime pas n'a pas connu Dieu, car Dieu est amour. » (1Jn 4, 7-8) Excellente lecture à tous et chacun.

Chapitre -I-

L'Amour Engendre la paix

Ne Laissez pas Mourir l'Amour qui Est Caché en Vous

Je crois que nous sommes les êtres les plus sensés et les plus rationnels qui puissent exister sur cette planète, mais dommage que la façon de nous comporter avec les autres ne manifeste pas toujours en quoi notre rationalité et notre bon sens nous sont vraiment utiles. Car devant tant de souffrances et de violence que subissent les plus fragiles de notre monde, je me demande sincèrement où est passée notre vocation première, à savoir de nous aimer, les uns, les autres.

Devant tant de gens aux prises avec les contingences de la guerre, des gens qui meurent de faim, qui sont victimes de pandémie, qui se noient en mer chaque jour en quête d'une vie meilleure, je me demande encore en quoi notre raison et notre bon sens peuvent se prévaloir d'être une garantie de supériorité génétique sur les animaux qui s'entre-déchirent effectivement chaque jour, mais souvent laissent de côté leur ego pour venir en aide aux plus petits d'entre eux. Alors que nous, autres humains, sommes devenus aveugles devant la misère et la cruauté que subissent les plus faibles de notre monde, au lieu de leur venir en aide, nous leur fermons les portes au nez, comme si nous étions les maîtres de ce monde. Nous érigeons des murs devant ceux que nous avons réduit à la mendicité, ceux-là même que nous exploitons depuis des lustres à cause de leur ignorance et la vénalité des dirigeants corrompus que nous utilisons comme des marionnettes pour les maintenir dans la pauvreté la plus abjecte.

Je crois que le moment est venu de dire non à toutes formes d'indifférence et d'injustice qui nous rongent le cœur, car le soleil doit briller du fond de notre cœur pour nous réchauffer et nous ouvrir les yeux afin de défendre les affamés, les démunis, les mutilés, les sans voix, les sans espoirs, les négligés, les oubliés de la planète. Nous sommes tous des frères et sœurs, nous avons tous une seule origine, la race humaine. Nous avons une humanité à défendre et une planète à protéger. Ainsi, nous ne devrions plus nous laisser manipuler par les médias, et les politiciens crapuleux qui défendent encore un statu quo appelé à remplacer par celui pour qui nous sommes vraiment créés : l'amour. Ne nous laissons pas diviser non plus sur de faux critères, car nous sommes tous des citoyens du monde.

Pourquoi quand il y a des attentats en occident tout le monde se lamente, pourquoi quand un avion s'écrase c'est la panique dans les médias, alors que des millions de frères meurent en Afrique à cause de la faim et du manque d'eau, cela ne choque personne. Pourquoi vous armez les tributs en Afrique pour qu'ils s'entrent tuer chaque jour sous vos yeux et personne n'en parle. Pourquoi, vous jetez à la mer la nourriture et les médicaments qui devraient sauver la vie à des milliers de frères dans certains endroits en Afrique et en Amérique latine. Cessons-nous de jouer les hypocrites, cessons-nous de rester dans l'indifférence et dans le silence, car si nous ne faisons rien aujourd'hui, les victimes se tourneront contre nous, ils l'ont fait dans les temps passés, ils peuvent le rééditer encore si nous ne faisons pas une autre approche, si nous ne les aimons pas comme des hommes. Car si l'amour n'est pas au cœur de nos pensées, si nous ne respirons pas l'air pur de la fraternité, nous ne vivrons jamais en paix sur cette Terre. Dois-je vous rappeler qu'en-dehors de l'amour véritable, nous sommes perdus, nous sommes condamnés à inventer une pseudo-tranquillité, un pseudo-bonheur. Car l'amour du prochain est l'absolu pour vivre dans un monde paisible et fraternel.

Ainsi, seul l'amour est capable de nous aider à surmonter les obstacles et à esquiver les embûches de notre condition humaine, à savoir toutes les forces qui peuvent nous empêcher de vivre comme des frères et sœurs sur cette planète. Pour que cela puisse se réaliser, nous sommes invités à découvrir en chacun de nous la force nécessaire pouvant transformer le monde, car en nous est une source d'amour si puissante et profonde pouvant changer pas mal de choses autour de nous. Une énergie plus forte que celle de mille soleils, et si nous l'utilisons à bon escient, nous pourrons pour ainsi dire modeler une autre réalité humaine.

Aimer, C'est Croire en la Vie

Je me souviens encore quand les scientifiques ont posé la question sur les limites de l'univers, de l'infiniment petit à l'infiniment grand, ils ont conclu que l'univers est infini. Dès lors que l'énigme demeure vivante dans l'esprit de plus d'un et que l'univers est infini, cela veut dire qu'il n'y a pas grande possibilité de tout connaître sur l'univers. Oui, je partage cet avis, mais dans quel intérêt. Uniquement pour vous dire seulement que l'amour, notre vocation à tous, n'a pas de limites comme l'univers, il n'a ni commencement ni fin comme le cycle de l'eau à la surface de la terre. Et si l'univers infini existe, c'est sans doute parce qu'il existe une autre force plus prodigieuse, plus importante qui la maintient et cette dernière n'est probablement autre que l'amour pur de l'incréé. Donc, cela veut dire que l'amour de Dieu pour nous, comme l'univers, est infini et ceci malgré nos comportements inhumains quelques fois.

C'est cet amour même que Dieu nous demande de découvrir dans l'autre, c'est cet amour qu'il nous demande de cultiver en nous, afin de chasser tout ce qui est mesquin en nous, toutes les formes de préjugés encrés en nous afin de devenir vraiment des hommes dignes et fiers de la présence de l'autre autour de nous. D'ailleurs, il faut reconnaître que l'homme n'est rien quand son cœur est vide, quand son cœur est sans amour.

Si depuis la nuit des temps des hommes et des femmes ne cessent de se donner à fond pour de nobles causes par amour, cela veut dire que nous sommes condamnés à vivre de l'amour avec nos frères et sœurs de toutes cultures et de toutes couleurs. Car quand on aime vraiment l'autre de tout son cœur, on devient pour lui une icône de Dieu et inversement. D'ailleurs, même Jésus le soir du dernier repas disait à ses disciples : « Je vous donne un commandement nouveau : c'est de vous aimer les uns les autres. » Comme je vous ai aimés, vous aussi aimez-vous les uns les autres. À ceci, tous reconnaîtront que vous êtes mes disciples : si vous avez de l'amour les uns pour les autres. (Jn 13, 34-35)

Ainsi, si quelqu'un arrive à vivre sans l'amour, il le prouve et le dit publiquement. Je ne crois pas que cela puisse être possible. Et si l'on pouvait toujours le faire, je ne croyais pas que ce serait dans notre monde. Parce que seuls ceux qui n'ont pas l'amour dans leurs cœurs souffriront vraiment ici et dans l'autre monde après la mort. Pour nous autres, les vrais croyants de l'amour véritable, nous aurons sans doute la chance de connaître une fin paisible, car malgré les difficultés de la vie, nous avons appris à aimer et à vivre de l'amour.

Il est évident, chers amis, que l'amour n'a pas de limites, n'a pas de frontière, même au-delà des plus lointaines galaxies, il y a mille possibilités de faire germer l'amour dans son cœur, et dans celui des autres. Cela veut dire qu'il y a toujours une possibilité de partager le vrai amour avec les autres, spécialement avec ceux qui en ont besoin autour de nous. Ainsi, une vie meilleure serait toujours un projet mort-né dans un monde sans amour et sans vie fraternelle. Certaines personnes pensent créer le bonheur avec leur richesse, hélas, ils ignorent que l'argent et les biens matériels ne sont pas synonymes de bonheur et que sans l'amour, on ne peut pas être vraiment riche, ni heureux dans ce monde. Ce que nous devrions chercher vraiment comme homme, c'est le courage d'être soi-même, pour construire sa vie en harmonie avec celle des autres, avec aussi les exigences de cette voix qui est en nous, celle de l'amour.

Devant les incompréhensions de la vie, devant les frustrations et les humiliations subies par certains groupes ethniques à cause de leur origine, de leur religion, ou encore de leur couleur, je vous exhorte chers amis à aimer de tout votre cœur vos prochains, et à vous laisser aimer aussi par les autres malgré les séquelles des injustices subies dans le passé. Car l'amour d'autrui est un acte de communion parfaite à Dieu lui-même. Pour renchérir, Saint Augustin nous dit : « Aime et fais ce que tu veux ; si tu te tais, tais-toi par amour, si tu parles, parle par amour, si tu pardonnes, pardonne par amour, aie au fond du cœur la racine de l'amour ; de cette racine, il ne peut sortir que du bon. »

Des Modèles à Imiter

Nombreux sont les hommes et les femmes qui ont choisi de sacrifier leur vie pour défendre une cause plus grande que leurs intérêts personnels. Au nom de cet amour véritable, ils ont choisi de pratiquer dans leur vie cette grande vertu. Des gens qui ont cru qu'aimer, c'est vouloir le bonheur de l'autre, c'est-à-dire jouir des privilèges de sa liberté, de sa joie, de son bien-être tout en partageant avec l'autre ses moments de peine et de bonheur. Ces personnes-là ont tout donné par amour sans rien attendre en retour.

Notre premier modèle vient d'Haïti, il s'agit de Toussaint Louverture, obsédé par l'idée que tout homme est né pour être libre, à embrasser le mouvement pour la libération des esclaves d'Haïti avec un sentiment imprégné d'amour pur. Il fut capturé et emprisonné au fort du jour en France, où il mourut de froid comme un sublime héros dont le spectre hantait la mémoire de Napoléon et de ses successeurs français au point que cet événement de l'histoire universelle fut caché pendant plus de deux siècles. Son successeur, Jean-Jacques Dessalines le père de la patrie, est assassiné pour avoir tenté de distribuer des terres au plus grand nombre du peuple le lendemain de la victoire sur l'armée de Napoléon Bonaparte. Notre prochain modèle vient de l'Inde, Mahatma Gandhi. Cet homme intègre et juste qui a participé à la lutte pour la libération de son peuple avec un cœur tout rempli d'amour, car il voulait donner au peuple indien la liberté véritable dont il rêvait. Et comme récompense, il a trouvé la mort juste quelque temps après l'accomplissement de son grand dessein. Son message était celui de la non-violence, du pardon et pourtant, il a été tué à l'ironie du sort par un extrémiste hindou nationaliste.

Dr. Martin Luther King Jr. croyait que le mouvement pour la liberté et la dignité des noirs en Amérique était une juste cause, il fait de cette lutte une affaire de toute une race exploitée et marginalisée depuis longtemps. Il a posé le problème de la discrimination et du racisme, comme un problème de conscience et de foi. Il ne défendait pas seulement un peuple, mais toute la race noire victime de toute sorte d'injures et d'injustice par le monde. À cause de cette position si juste, il a été lui aussi assassiné quelque temps après Malcolm X au nom de quoi, on ne sait toujours pas, mais pour avoir osé parler d'amour certainement et de cohabitation pacifique avec les prétendus super racistes dans une Amérique diversifiée.

Par amour pour les plus pauvres, Mère Theresa a dit oui à sa vocation de servir pour toujours les plus pauvres ; elle a accepté de renoncer à une vie tranquille pour vivre avec les mourants, les malades de toutes sortes, les enfants en difficultés abandonnés dans les rues de Calcutta avec ses sœurs pour les aider soit à mourir avec un peu de dignité, soit à vivre davantage en soulageant leurs souffrances. Elle disait un jour qu'un « cœur brûlant d'amour est un cœur heureux ». À mon avis, elle n'a pas eu tort, elle ajoute que les actes d'amour ne sont rien que des actes de paix. D'ailleurs, pour elle, le plus grand péché est l'absence de l'amour et de la charité, la terrible indifférence au prochain qui, au bord de la route, est en butte à l'exploitation, la corruption, l'indigence et la maladie.

Par amour pour son peuple qui vivait la torture des militaires au pouvoir, Mgr. Oscar Romero, fut abattu en célébrant l'Eucharistie à l'autel même. Ce coup a marqué tous ceux qui ont un cœur, car on dirait qu'aimer son prochain n'est pas une affaire des mortels comme nous. Jean Dominique, le seul vrai et objectif journaliste que je n'ai jamais connu dans mon pays, a connu le même sort que ces pionniers en choisissant de défendre la liberté et la dignité de l'être haïtien, ensuite nous avons l'Abbé Pierre et Nelson Mandela, deux autres figures de proue qui nous ont laissé quelques années de cela. L'Abbé Pierre disait dans l'un de ses ouvrages que « Quelle que soit notre religion, nous pouvons être transformés par nos relations avec ceux qui sont faibles ; ils apportent l'unité et la paix dans nos communautés ». Rappelez-vous le combat de L'abbé Pierre, ce militant de la cause et défenseur des hommes sans domicile fixe qui mouraient sous le froid dans les rues de France. Nous avons des milliers d'autres modèles comme eux dans le monde, peut-être vous-même qui lisez ces lignes en ce moment en fait partie. Peut-on imaginer un monde sans de tels hommes et de telles femmes qui ne parlent pas seulement de l'amour, mais qui l'ont vécu jusqu'à la mort ?

Où Es-Tu Caché l'Amour ?

Ne me rangez pas dans le fichier de ceux qui ont l'intellect spécieux à cause des exemples sur lesquels je me base pour faire comprendre mon opinion sur la vraie vocation de l'homme. Sachez que j'essaie tout simplement d'être aussi rationnel qu'un passionné de l'altruisme. Mon objectif, c'est de vous aider à prendre conscience que toutes guerres basées sur des mensonges qui ont terni l'histoire de l'humanité ne faisaient qu'assassiner l'amour fraternel. Toutes les positions et les actions à caractère discriminatoire au profit d'un petit groupe et au détriment de la majorité constituent des crimes contre l'amour.

Malgré tout, je ne suis pas de ceux qui pensent que l'homme a raté sa vocation première, car il est encore temps pour faire un revirement, pour reprendre en main notre destinée ou encore notre vocation comme homme qui doit aimer l'autre de tout son cœur. Car, aimer, c'est aussi grandir un peu plus chaque jour, dans la connaissance de l'autre, et dans la connaissance de soi-même. Mais hélas, nombreux sont les hommes qui ne comprennent pas l'importance de l'amour et qui évitent le plus souvent de poser des gestes dignes pour un monde plus juste et plus fraternel.

Si vous croyez que tout le monde croit à l'amour, vous vous trompez grandement ou du moins en quel amour croyons-nous vraiment ? Parce que le vrai amour est souvent méprisé ou encore exalté dans des chants, dans des livres ou encore dans des discours souvent superflus. Si l'amour apparaît pour certains comme le pas le plus difficile à faire pour vivre dans un monde de paix, je pense qu'il serait important d'abandonner certains comportements qui nous donnaient une fausse image de nous-mêmes, pour nous ouvrir aux autres, et pour construire une paix durable sur cette planète.

Alors pour aimer vraiment les autres, nous n'avons qu'à ouvrir tout notre cœur, sans pour autant changer certaines manières de vivre, puisque le vrai amour n'a rien à voir avec notre dehors. Il s'agit surtout de regarder les autres autrement, de compatir à leurs souffrances, de les accepter tels qu'ils sont et surtout d'être vrai avec eux. Car si ton cœur est disponible, tu seras capable d'aimer et emporter dans le courant de l'amour, et la vie sera le lieu privilégié de l'expérience de Dieu pour toi, nous dit Jean de La France.

Toutefois, le dépassement que cela demande, n'est pas quelque chose d'inimaginable. C'est tout simplement d'accepter de côtoyer l'autre que l'on rencontre chaque jour sur son chemin avec un cœur ouvert, avec un sourire aux lèvres, de lui parler, de partager avec certains d'entre eux le pain quotidien ou de leur offrir quelque chose pour prendre au moins un repas, de soulager dans la mesure du possible la peine de l'autre, de les rassurer quand ça ne va pas, spécialement quand le doute et le désespoir s'installent dans leur cœur, ou quand la détresse et le chagrin cohabitent avec leur misère chronique. Surtout de prendre du temps pour les écouter, d'essuyer leurs larmes, de les visiter en prison et à l'hôpital. Je pense qu'il faut quand même un maximum de dépassement pour arriver à cet amour-là, surtout lorsqu'on vient d'une famille où les choses allaient toujours bien, dirait-on, de plus nous vivons dans une société qui a une mauvaise tendance à juger et étiqueter les gens à partir d'un simple regard et de ce qu'on nous fait croire dans les médias.

Je crois que nous sommes nombreux à ne pas être prêts à entreprendre une telle démarche qui n'est autre que l'actualisation même de l'altruisme dans notre vie. Cependant, je dois vous avouer que l'amour n'est pas passif, il est toujours actif, il est comme un secouriste qui sillonne les rues, obsédé par l'idée de sauver des hommes et des femmes en difficultés. À la suite de Mère Theresa, je peux dire que l'amour est un fruit mur en toutes saisons, et à portée de toutes les mains. Il se laisse cueillir par n'importe qui et il n'y a aucune barrière pour ceux et celles qui sont affamés. Je considère enfin l'amour comme un grand arbre poussé en plein désert où passaient souvent les pèlerins de toutes sortes, et où désormais quand le soleil atteint son zénith ils sont tous attirés par la fraicheur et l'ombre que donnent gratuitement cet arbre poussé sans qu'on ne sache comment, par qui, pour que tous ceux qui y passent puissent se reposer, prendre un petit repas, et échangent leurs idées et leurs produits.

Chapitre -II-

L'Absence de l'Amour Tue

Pratiquer l'Amour Est Notre Devoir

L'amour de Dieu pour nous est un amour spontané et naturel, pourquoi refusons-nous d'aimer par la suite les autres, de les accepter comme Dieu nous accepte malgré nos bavures de tous les jours. Qui plus est, quand on est chrétien, on devrait remplir d'amour dans son cœur, pourquoi continuons-nous à calomnier, condamner à tout bout de champ les autres comme s'ils avaient toujours tort et nous autres raisons, comme s'ils étaient toujours injustes et nous justes. En ce sens, je crois que celui qui ne peut pas aimer ne vit pas non plus sa foi, car il n'y a plus de vie en celui qui ne veut pas aimer et pardonner son prochain. Parce que lorsqu'on déteste un frère ou une sœur, on chasse ce qu'il y a de bon en soi, on est vide de sens et de bon sens. Rappelez-vous, seul l'amour est éternel, donc Immortalisons l'amour dans nos pratiques quotidiennes, afin de bâtir un monde nouveau sans peur, ni intimidation, ni violence physique, ni génocide à répétition.

Vivre de l'amour vrai est notre seule responsabilité comme humain sur cette planète, et partager l'amour avec autrui est notre unique vocation puisque nous sommes en réalité les fruits mêmes de cet amour. Ainsi, si nous acceptions de nous laisser bercer par la solidarité et la communion fraternelle, tout pourrait disparaître sur notre terre comme les masques qui nous empêchent de voir les souffrances des autres, le mensonge qui nous a capturés depuis la nuit des temps et fait de nous des monstres défigurés. Ainsi, toutes nos laideurs voleront en éclats pour un monde qui n'est pas le nôtre, et avec le peu d'amour qui reste, nous serons en mesure de découvrir le vrai visage de l'autre, voire l'état de son cœur et nous n'y découvrirons que l'amour pur. Ce sera alors le commencement sur cette Terre d'une vie de satisfaction ou encore du paradis auquel nous aspirons tous. À ce moment, nous ne manquerons rien, parce qu'avec l'amour pour l'oxygène, nous résisterons contre toutes les chaînes de haine et de violence qui pourraient tenter de nous diviser à nouveau.

Si j'ai pu parler ainsi avec tant de naïveté de l'amour, ce n'est pas que je ne sois pas capable de comprendre la réalité du monde, mais plutôt parce que je suis sceptique à propos de tant de choses qui nous ont divisés depuis que le monde est créé, spécialement les guerres, les envahissements, les occupations, la colonisation, l'extermination des indigènes, pourquoi nous le faisons ? Pourquoi existe-t-il tant de misère dans le monde alors que la planète comporte assez de ressources pour nourrir quatre fois la population actuelle ? Pourquoi les habitants des régions le plus riches sont les plus pauvres de notre planète ? Et ceci aux yeux des plus puissants de ce monde. Pourquoi des organisations bidonnes ne font que défendre les intérêts des nantis, des oligarques inassouvis, des prédateurs ambitieux, travaillent au détriment des peuples les plus fragiles et les plus innocents de notre monde. Et la réponse est simple : c'est à cause d'un manque d'amour que nous sommes devenus si indifférents, si avares, si insensibles et injustes devant la réalité des autres. Car le manque d'amour vrai nous bouche les oreilles, nous ferme les yeux, nous rend plus souvent inhumains devant la souffrance, et la misère des autres.

Les résultats le prouvent, le manque d'amour nous transforme en sauvages, nous rend même dangereux pour l'autre. Certains d'entre nous prennent le malin plaisir de dénigrer pour rien, nous trahissons pour les mêmes raisons citées ci-devant, il n'y a presque plus de confiance dans nos relations humaines. Ce manque d'amour nous diminue, nous culpabilise, et nous réduit à de simples profiteurs et à des spectateurs indignes. Donc, le moment est venu de cultiver un peu l'amour pour que le monde puisse devenir ce qu'il a été jadis avant la matérialisation et chosification de l'être humain, ainsi, nous aurons un monde sans classes sociales privilégiées, sans discrimination et racisme, sans division et surtout sans conflits sanglants contre de pauvres frères et sœurs innocents.

N'oubliez pas que le vrai amour est contagieux comme le sourire. Cependant, il a un autre effet : il domine et surpasse tout ce qui vient pour mettre fin à son règne. Pour mes frères haïtiens, je veux leur dire sincèrement que seul l'amour peut unir des êtres radicalement opposés, seul l'amour peut donner la possibilité de découvrir notre dignité, seul l'amour est capable de guérir des cœurs profondément blessés et endoloris.

Il faut avouer enfin, mes chers amis, que seul l'amour pur peut combler nos vides, nos désirs insatisfaits. Lui seul peut rassasier notre quête de bonheur qui nous rend souvent fous, voire déraisonnés par rapport aux conditions de vie des autres. Que nos penchants pervers pour le clinquant matériel puissent être sublimés à travers cette pure alchimie qu'est l'amour vrai tout en cherchant à nous réconcilier avec les exploités, les torturés, les mutilés et les schizophrènes de la société que nous avons volontairement créée en les manipulant pendant des années comme des robots incapables de réagir à nos mépris hautains.

Tendons la main enfin aux sans papier qui courent dans toutes les rues de nos grandes villes européennes et américaines cherchant le plus souvent un abri sûr pour passer la nuit, et du pain quotidien. Tendons-nous la main aux exilés, aux condamnés, aux prisonniers et aux oubliés de toutes sortes, et pourquoi pas à nous-mêmes, avec notre passé si horrible à regarder comme des hommes souvent insensés ?

La Famille, Source de Tout Vrai Amour

Si on aime l'arbre, il faut aimer ses fruits, car l'amour est un sentiment qui nous rend plus humains, plus fraternels, plus heureux aussi. Les études scientifiques l'ont prouvée : les personnes en couple qui s'aiment vraiment fort donnent souvent beaucoup plus de rendement au boulot que celles qui sont séparées, elles ont une vie beaucoup plus épanouissante et équilibrée aussi. Tout cela pour vous dire combien l'amour peut souder les relations et nous ouvrir d'autres voies pour notre croissance, comme être doué de bon sens. Ainsi, l'amour des époux et des parents est capable de guérir les blessures des enfants, et l'amour des enfants entre eux peut changer le comportement, les uns, les autres et jouer sur la relation des parents. La vérité est donc claire : aucune famille ne peut vraiment exister sans l'amour, sans le pardon des uns à l'égard des autres.

Ainsi, je crois que l'amour est un témoignage vivant auquel nous devons nous référer pour parfaire notre mode de vie de chaque jour. L'amour est un signe concret au présent qui nous appelle à l'unité et qui nous ouvre des perspectives pour un avenir meilleur. C'est pourquoi aimer son prochain devrait être un acte visible capable d'être évalué à l'œil nu, c'est un geste signifiant qui peut tout changer dans nos relations humaines.

L'amour n'est pas dupe. Quand quelqu'un est capable d'aimer, on le découvre facilement sur son visage, car ses yeux vont le trahir. Le signe d'amour est vivifiant, il porte de l'espérance et de l'espoir dans le cœur des pauvres, de ceux qui souffrent tout le temps. De ce constat, nous sommes invités à changer nos regards sur les autres, à ne plus poser de question avant de tendre la main vers un prochain en difficulté. Ne regardez plus le visage de votre compagnon de route avant de le saluer. Ne demandez pas à un autre sa nationalité avant de lui sauver sa vie, car nous sommes d'une seule famille, la Grande famille humaine.

Le Constat Flagrant

Je fais un constat récemment dans mon quartier, j'ai découvert que les enfants qui sont les plus équilibrés sont ceux auxquels leurs parents ont consacré un peu plus de temps. Ces enfants ont développé une excellente capacité intellectuelle, et un sens de responsabilité dans leurs engagements. Parce qu'ils ont reçu une très bonne éducation familiale, ils sont mieux armés pour affronter les épreuves de la vie et sont même capables d'aller jusqu'au bout pour réussir. Tout cela pour vous dire combien dans le foyer l'amour est indispensable à l'épanouissement des enfants, et permet aux parents de rester en vie et en bonne santé beaucoup plus longtemps. Et si c'est aussi important pour l'enfant, je pense que c'est primordial pour la société de s'engager sur cette voie puisque l'enfant a besoin de la société pour réaliser ses propres rêves, pour vivre pleinement sa vie d'homme.

Cette évidence me permet de déduire rapidement que si nous faisons un pas de plus vers la rencontre de l'autre, vers le chemin de l'amour véritable, nous finirons sans doute par construire une société et un monde plus vivable pour nous-mêmes et pour les autres. Si les parents des enfants sont ses protecteurs, chaque homme doit être le protecteur d'un autre homme. Le résultat nous donnera certainement un monde où tout homme cherchera à sauver la vie de l'autre au lieu de l'humilier, de le détruire, de le traiter comme une chose et ce sera aussi le commencement d'une ère de paix durable et d'une réconciliation perpétuelle. Car seul l'amour peut nous faire renaître de nos haines.

Si la famille en tant que cellule sociale représente pour les enfants un noyau de tendresse, de protection, et d'épanouissement, je pense que l'action cumulée et harmonieuse de l'ensemble de ses foyers élémentaires joue le même rôle pour le tissu social dont il est la résultante. De ce fait, la famille est appelée à irradier la chaleur de ce foyer afin que la société soit réchauffée par l'amour véritable ; car le soleil ne se couche jamais, c'est l'homme qui en commettant ses atrocités s'éloigne chaque jour de ses rayons. Ainsi, la famille pourrait jouer un rôle de régulateur dans la société pour faire respecter les règles de l'amour. Quand il vous arrive de souffrir pour son prochain, sachez que « souffrir pour une cause juste, c'est parvenir à la plénitude de l'humanité » disait Dr. Martin Luther King Jr. dans son livre La force d'aimer.

L'Enfant Sauvage

Tout enfant qui a été conçu en dehors d'une relation amoureuse pure et saine, qu'on le veuille ou non, portera toujours des blessures profondes dans son cœur pour le reste de sa vie, sauf s'il arrivera un jour à son tour à connaître l'amour dans une relation sincère et ouverte avec son partenaire. Car cet enfant, stigmatisé par le manque d'amour, trouvera toujours des excuses pour rester cloîtré dans son monde, incapable d'ouvrir son cœur pour donner à un autre ce qu'il n'a jamais reçu dans sa vie lui-même. Toutefois, s'il est bien accompagné ou bien entouré avec des gens bien intentionnés, des gens qui l'aiment vraiment, il peut découvrir l'importance de l'amour et finir par aimer un jour.

Quand je parle de l'enfant sauvage, je ne parle pas seulement de ceux qui ont été conçus soit après un acte de viol, ou encore des enfants qui sont nés à la suite d'une soirée sans lendemain. Le plus dégoutant des drames, on le rencontre surtout chez certains enfants qui ont été conçus dans le cadre d'un foyer conjugal, mais, pour une raison ou une autre, se trouvent abandonnés par leurs parents soit à cause d'un divorce, ou encore à cause de la mort de ces derniers. Ces enfants, qui sont donc jetés dans le monde sans parents et sans accompagnement affectueux, sont obligés de traîner dans les rues des grandes villes du monde pour défendre leur droit à la vie. Nombreux parmi eux sont des victimes de la société, souvent condamnés pour une simple infraction. Après leur incarcération, ils peuvent devenir des brigands dangereux, capables de tout faire pour répondre à leurs besoins les plus élémentaires.

Peut-on demander à des enfants pareils d'aimer leurs concitoyens, puisqu'ils n'ont pas été aimés en premier à leur tour par des gens comme vous et moi qui les côtoyons au quotidien sans même leur tendre un regard de tendresse ? À Port-au-Prince et à Cap-Haitien chez moi, le nombre de ces enfants est vraiment inquiétant, car ils sont à la merci de tout le monde. Ils sont là, sous nos yeux, sales, affamés, mal vêtus et sans logement ou domicile fixe. Pourtant, ils nous voient, ils nous observent vaquer à nos occupations, dans l'indifférence totale.

Mais si un jour, ils se retournent contre nous, aurions-nous la conscience claire pour reconnaître que nous avions vraiment péché en les abandonnant dans les rues, sans les protéger, les éduquer et les nourrir ? Car avec le manque d'amour dans leurs cœurs et l'absence de l'éducation, nous oublions que ces derniers seraient un jour nos ennemis, des adversaires sur nos chemins. Comprendrons-nous leurs réactions si un jour, ils arrivent à être armés par des gens mal intentionnés pour accomplir n'importe quel acte criminel ou de banditisme contre nous ? D'ailleurs, ils représentent la principale source de recrutement pour les mercenaires et les hommes politiques de ce pays pour exécuter leurs forfaits.

Ce serait révoltant certes pour beaucoup d'entre nous, mais hélas, si nous n'avons rien fait pour les défendre, pensez-vous qu'ils seront capables de nous défendre et de nous protéger à leur tour ? Si je prône l'amour fraternel aujourd'hui, c'est tout simplement parce que je crois que le danger n'est pas loin, alors, mes frères et sœurs, il est temps de laisser nos préjugés de côté pour enfin aimer l'autre, les plus petits, les sans voix, les sans identités de notre société, et n'oubliez pas que l'amour est la voix des sans voix.

Aujourd'hui, si nous ne faisons rien, si nous ne réagissons pas à temps contre la violence qui est déjà à nos portes, et qui peut non seulement nous envahir l'esprit, mais habiter notre conscience, ce phénomène social sera le sujet de toutes nos conversations et défigurera nos relations avec les autres. Car en devenant violents, ces enfants pourraient nous persécuter jusqu'au bout du tunnel de la vie. Ainsi, nous regretterons amèrement de ne pas pouvoir les aimer comme de vrais hommes.

Il faut reconnaître aussi que les mal aimés sont capables de tout : des attentats terroristes, des assassinats spectaculaires, des viols et des gestes vraiment inhumains, et surtout des homicides maquillés. Si l'homme ne peut pas vivre sans la liberté, je crois qu'il ne peut pas non plus vivre sans l'amour, ni sans être aimé par son entourage, sinon sa vie sera marquée par des troubles psychiques intraitables. Pour ne pas tomber dans ce chaos, l'Amour nous tend la main pour construire un monde de justice et de paix pour les générations à venir : répondons-lui par un signe positif.

Haïti a Soif de l'Amour

Aujourd'hui, si mon pays se débat dans le chaos généralisé, si la violence peut faire la loi partout dans la capitale haïtienne, c'est sans doute le résultat et le signe concret d'un manque d'amour fraternel. La crise haïtienne nous prouve encore une fois comment le manque d'amour peut inévitablement faire souffrir tout un peuple, toute une nation. Deux cent dix-huit ans d'instabilité politique, de discordes, jamais de pardon entre frères, jamais de réconciliation axée sur l'amour fraternel et le désir de faire la paix, pour mieux vivre ensemble et résoudre les problèmes majeurs de la société haïtienne.

Le cœur du politicien haïtien, dirait-on, est ivre de sang et de haine ; aussi, l'homme haïtien ne peut plus se défendre contre ses détracteurs qui cherchent à le stigmatiser chaque jour pour cette insultante révolte qui nous a donné notre indépendance. L'Haïtien ne croit pas, semblerait-il, qu'avec le pardon mutuel et l'amour fraternel, il peut triompher et vaincre ses éternels ennemis extérieurs et intérieurs qui l'empêchent d'accepter l'autre comme son véritable frère. Le cœur de l'Haïtien est désarmé, dépourvu d'amour, voilà pourquoi nous vivons ces jours les plus sombres de notre histoire comme premier peuple noir indépendant sur la terre.

Il faut admettre que le refus d'aimer qui est en nous engendre un durcissement du cœur, nous paralyse et nous met dans l'embarras devant la souffrance de nos compatriotes, et de tous les hommes en général. Alors que nous sommes plus que jamais condamnés à vivre ensemble pour reconstruire un pays détruit par le séisme du 12 janvier 2010 et divisé au lendemain de notre indépendance.

Parler encore de l'amour fraternel en Haïti et dans le monde d'aujourd'hui est plus qu'une utopie. C'est de préférence une illusion, pour beaucoup de gens, c'est un mythe. Car le mot amour n'a plus de sens pour l'être Haïtien. Et dans cette société systématiquement mondialisée, l'individualisme est devenu la règle dominante pour sortir des ornières de la pauvreté et de la misère qui règnent dans le monde.

Dire que l'homme haïtien en particulier aime son prochain serait une insulte pour les classes défavorisées qui pataugent dans la misère sordide depuis plus de deux siècles sous le regard des nantis, des oligarques, et les nouveaux riches qui les exploitent sans pitié. Je crois que nous avons perdu cette notion d'amour fraternel au lendemain de notre indépendance, car pour moi, aimer aujourd'hui dans ce pays parait chose impossible. D'ailleurs, ce n'est même pas permis d'y songer devant l'écart qui existe entre le peuple et l'élite économique et politique qui sucent le sang des innocents pour augmenter leurs capitaux. Tout cela vient élargir le fossé existant déjà à cause des problèmes majeurs de la société dans laquelle trop de chicane empêche de faire place à l'amour dans nos relations avec les autres. Aujourd'hui, nous sommes devenus trop divisés pour croire encore dans l'altruisme, car nous avons perdu toutes les bonnes leçons qui ont fait de nous un peuple exemplaire dans l'histoire de l'humanité. C'est sans doute à cause de notre comportement que le geste de Vertières le 18 novembre 1803 ne représente plus rien aux yeux des autres peuples de la Caraïbe et du monde entier.

Dans un pays où la pauvreté sévit à l'état endémique, peut-on vraiment parler de l'amour fraternel, là où tout le monde essaie d'utiliser le pouvoir pour s'échapper à la fatalité évidente dont sont condamnés tous ceux qui sont en dehors du système, un système comme vous le savez déjà, dirigé par des corrompus et des mafieux qui font la loi à leur guise. Est-il vraiment possible de parler de l'amour fraternel devant le cas d'une jeunesse abandonnée à elle-même, qui cherche par tous les moyens de s'enfuir même en sachant que la mort l'attende en chemin avant même d'atteindre l'Eldorado. Comment peut-on oser parler de l'amour fraternel dans ce pays, lorsque le constat d'inégalité entre la bourgeoisie sans vergogne et la masse qui se débat dans l'insalubrité, le chômage, la misère sordide sautent aux yeux ? Pourrait-on dire qu'il existe formellement une condition sociale favorable à la notion d'altruisme dans ce pays où la lutte des classes est sanglante ? Si nous sommes réellement en quête de paix et de cohabitation acceptable dans ce pays, il faut chercher d'abord à aimer les autres, tels qu'ils sont, parce que seul l'amour peut nous aider à trouver la stabilité et la tranquillité que nos parents ont tant rêvée.

De plus, oser parler de l'amour fraternel en Haïti est une démarche typiquement révoltante ; même si le manque d'amour crée toujours un grand vide chez tout homme de bon sens. D'ailleurs, le bon sens n'a jamais été l'apanage des sidérés et des dominés de ce monde. Toutefois, je crois qu'il n'est jamais trop tard pour renverser la vapeur, car il suffit d'une prise de conscience collective pour changer la donne et remettre le pays en marche ; même s'il va falloir au demeurant condamner les corrompus et les sans scrupules et pardonner à ceux qui ont été manipulés pour maintenir le système contre leur gré.

Avouons-le chers camarades, s'il y avait un brin d'amour fraternel dans le cœur des politiciens haïtiens, au grand jamais le pays ne serait dans cette impasse, au grand jamais la lutte pour le pouvoir n'aurait engendré autant de violence et de compromis frauduleux au détriment de la population ; ni la lutte pour la survie ne serait aussi féroce, exacerbant tant de cruauté et de brutalité quotidienne. Finalement, nous ne serions plus sous la tutelle des prédateurs étrangers, malgré notre bicentenaire d'indépendance. Je crois que nous devrions être plus que jamais attentifs aux indices qui peuvent nous aider à découvrir les problèmes de l'autre : ses souffrances et ses inquiétudes. Parce que l'amour fraternel est indissociable de l'amour patriotique qui s'appuie sur le fait que chaque individu est un élément de progrès pour l'autre.

Faisons-nous donc un effort, chers compatriotes, pour pratiquer l'amour fraternel et celui de la patrie et enfin sauver Haïti. Croyez-moi, le résultat serait surprenant, car nous découvrirons en chacun de nos frères et sœurs un élément indissociable de cet ensemble que nous formons comme peuple. Ainsi, la reconstruction de notre cher pays ruiné et divisé par tant de haine et de violence finira par se réaliser par nous-mêmes, et les cicatrices du tremblement de terre, des cyclones à répétition, feront disparaître pour toujours de la conscience populaire cette fatalité approuvée par plus d'un. Car l'amour est la seule force capable de transformer nos ennemis en amis, pour reprendre Martin Luther-King Jr. L'amour est la seule force créatrice dont nous disposons aujourd'hui pour construire notre pays, et surtout pour construire la société sur le chemin de la justice et de la paix véritable.

Chapitre -III-

Le Manque d'Amour, Est un Manque de Soi

L'Amour de Dieu et celui des hommes

Il est évident que l'amour du prochain est une composante essentielle de l'existence humaine. Mais tant que nous considérons l'autre comme un inconnu, un étranger que nous rencontrons par un simple hasard, nous raterons toujours la chance de découvrir son vrai visage et ses réelles potentialités qui sont sans doute complémentaires aux nôtres pour une formidable cohabitation sur cette terre. Je le répète sans cesse, l'amour est une lumière et comme telle, il ne doit pas rester caché, ni attaché à un poteau isolé quelque part dans un quartier désert. Car il est condamné à éclairer le monde et tous les hommes jusqu'au bout de sa mission.

Humainement parlant, il peut sembler impossible d'aimer ainsi ou de trouver quelqu'un qui nous aime de cette façon. Le véritable amour n'est pas basé sur des sentiments, mais sur la décision d'aimer quelqu'un inconditionnellement et de mettre en pratique toutes ces caractéristiques, en recherchant ce qu'il y a de mieux pour l'autre. D'ailleurs, lorsque nous faisons l'expérience de l'amour, du pardon et de l'attention inconditionnels de Dieu pour nous-mêmes, la graine de cet amour commence à germer dans nos cœurs et le désir d'aimer les autres de la même manière surgit en nous. Parce que Dieu est le seul qui puisse nous donner la capacité d'aimer avec autant de bienveillance et d'altruisme. Il est notre exemple de ce qu'est le véritable amour. Dieu nous a tant aimés qu'il a envoyé son Fils Jésus dans ce monde afin que par sa mort et sa résurrection nous soyons réconciliés avec lui pour l'éternité, nous dit l'Évangile. Il l'a fait parce qu'il le voulait, sans rien nous demander au préalable. Et il l'a fait par amour.

Je voudrais aussi rappeler aux partisans de Jésus que par sa façon d'annoncer la Bonne Nouvelle pendant ces trois ans de vie missionnaire, il n'avait que des paroles tendres, que des gestes imprégnés d'amour à l'égard de tous ceux qu'il rencontrait. S'il nous commande d'aimer les autres, y compris nos ennemis, c'est parce qu'il savait que l'amour est le seul capable de nous affranchir totalement de la cupidité et de la méchanceté qui rongent le cœur de l'homme depuis la nuit des temps. Ainsi, avec l'Amour, finirent la haine et la jalousie qui empoisonnent nos relations avec les autres. De ce fait, l'amour peut devenir le seul vaccin indispensable pour transformer et modifier l'être humain afin qu'il soit capable d'aimer et de se laisser aimer par les autres. Car aimer, c'est changer la façon de voir l'autre. C'est être plus tolérant, plus sensible et plus humain.

Une fois que nous permettrons à l'amour de Dieu de nous remplir, nous commencerons à refléter son caractère dans nos relations avec les autres. Nous ne pouvons pas donner ce que nous ne sommes pas devenus. Par conséquent, pour donner le véritable amour, nous devons d'abord le recevoir. J'ai appris que, tout comme les fusées doivent vaincre la force de gravité pour surgir dans l'espace, nous devons nous aussi vaincre les forces obscurantistes du monde pour nous envoler dans les royaumes de la compréhension et de l'amour. Car la stabilité et la paix dont nous rêvons dans le monde sont inextricablement liées à notre capacité d'aimer.

C'est Quoi l'Amour Véritable?

C'est une certitude : l'amour est le sentiment le plus précieux qui puisse exister dans nos vies, il est aussi la chose la plus simple et par sa simplicité, il est devenu pour nous la chose la plus difficile à comprendre, l'acte le plus dur à accomplir, et le geste le plus banal à poser. Alors que celui qui nous a permis d'être libres aujourd'hui ne nous demande que ça. Voici le commandement le plus important que Jésus nous a donné à ses disciples : « Celui qui m'aime doit aussi aimer son frère », (1Jn 4, 20) pour preuve d'un si grand amour, Il ajoute : « Il n'y a pas de plus grand amour que de donner sa vie pour ses amis. » (Jn 15.13).

Si vraiment le Christ a donné gratuitement sa vie pour nous, pourquoi ne le suivons nous pas en aimant gratuitement nos frères et sœurs spécialement les plus fragiles et les plus misérables de notre monde. De plus, Jésus n'a pas précisé quel genre de frère aimer, riche, ou pauvre, blanc ou noir, peu importe la classe sociale, l'origine, la nationalité, la religion, il suffit d'aimer avec tout son cœur son prochain et on verra rapidement la différence dans nos relations les uns, avec les autres. D'ailleurs, pour ceux qui se réclament d'être des disciples de Jésus, en prenant toujours la Bible comme référence, voici une réponse que Jésus vous donne : « Aimez-vous les uns les autres. » « Si vous vous aimez les uns les autres, alors tous sauront que vous êtes mes disciples » (Jn13.34)

Là, je pense que Jésus s'adresse surtout aux religieux, aux chrétiens authentiques qui ont reçu le message de l'amour pour continuer son œuvre sur cette terre. Alors qu'est-ce que vous avez fait de cet amour, comptez-vous vraiment continuer le travail qu'il a commencé en acceptant d'aimer tous les hommes sans distinction ? Pouvons-nous défendre réellement la cause des plus pauvres, des sans-papiers, des oubliés, des contaminés de notre monde sans chercher nos propres intérêts mesquins ? Avons-nous sincèrement l'audace d'aimer nos pires ennemis, ceux qui nous ont tant fait souffrir ?

L'Amour Agapè

Si l'amour agapè est l'unique seul vrai amour, rappelez-vous qu'il désigne avant tout un ensemble d'actes concrets à poser en faveur des autres. Comme saint Augustin, je peux dire que la justice est l'amour qui sert exclusivement ce qu'il aime, en un mot, la seule façon pour les hommes de loi de prouver leur philanthropie, c'est de rendre justice aux petits, aux marginalisés de notre monde. C'est dommage que nous ne vivions pas cela dans la vraie vie de tous les jours.

Pourquoi ne prenons-nous pas pour credo cette phrase de saint François : « Je ne puis être ce que je suis appelé à être tant que mon prochain n'est pas ce qu'il est appelé à être. » Moi, je la trouve formidable, car lutter pour sa seule survie n'est pas une vraie lutte, combattre pour son unique intérêt n'est pas un vrai combat, parce que l'homme est appelé à vivre ensemble et à aimer son semblable qu'il rencontre chaque jour sur son chemin. En ce sens, je crois que certaines autres communautés chrétiennes ont donné un grand témoignage à travers les innombrables institutions qui prennent en charge les malades, les marginaux, les immigrés, les sans-papiers, les pauvres et les exploités de toutes sortes, pour les faire vivre comme de vrais hommes et de femmes. De cette façon, ces hommes deviennent les apôtres de l'espérance et les bâtisseurs de la civilisation de l'amour au cœur du monde, en acceptant de respecter le commandement de l'amour fraternel au prix de tant de sacrifices quotidiens.

Et malgré ma fragilité d'homme limité comme plus d'un d'ailleurs, j'ose quand même vous rappeler que le vrai amour s'accomplit nécessairement dans la souffrance et dans le sacrifice pour l'autre, car il est un don total. C'est pourquoi je pense, comme plus d'un, que si l'amour était une drogue, moi qui vous parle en ce moment, j'aimerais mourir *d'overdose*; parce qu'une vie sans amour n'est pas une vraie vie. Elle peut être bien quelque chose d'autre, mais pas une vie en réalité. Car celui qui n'est pas capable d'aimer n'est pas digne de rester sur terre non plus, puisqu'aimer est la condition sine qua non de toute vie sur cette Terre. Si l'amour ne fait aucun tort au prochain, il est donc clair qu'il est comme une force révolutionnaire contre la haine, la cupidité, la méchanceté, la cruauté des hommes mal intentionnés. Ainsi, comme disait le père Bruno Marie Duffé : « L'homme se construit à travers des relations d'amour ». Donc, celui qui n'est pas capable d'aimer, n'est pas digne d'être un homme non plus.

Enfin, mes chers lecteurs, sachez qu'aimer, c'est éprouver un immense plaisir et en même temps, c'est accepter de souffrir un peu : souffrir de soi, souffrir de l'autre. Comme Margueritte Yourcenar disait dans l'un de ses ouvrages, « Dieu effacera du cœur de l'homme toutes les lois qui ne sont pas d'amour quand nous nous présenterons devant lui à la fin de nos jours ! » Pour ainsi dire, l'amour pur et sincère est devenu la clef de tout pardon et de toute réconciliation durable entre les hommes sur cette Terre.

L'Amour ou Rien

Après tant d'années d'observation, en particulier après les récents évènements qui ont bouleversés le monde entier comme les tremblements de terre, les tsunamis, les guerres, les épidémies de Choléra, d'Ébola, de Corona virus, les attentats suicides, les abus de la police contre les noirs aux

Etats-Unis et dans le reste du monde, je constate que nous n'avons pas d'autre alternative sinon que la voie de l'amour, car l'amour est l'unique boussole qui peut vraiment nous guider dans ce monde de ténèbres dans lequel la cruauté des hommes nous entraine. Laissons-nous pour ainsi dire toucher par l'amour pour nous ouvrir à l'autre, car seul l'amour peut faire monter en nous l'éclat du jour d'éternité.

En ce sens, nous sommes invités à féconder en nous l'amour fraternel de façon à nous débarrasser des doutes et des blessures qui nous rongent le cœur, car notre libération intérieure est notre alternative pour sauver la planète et le genre humain de toutes les catastrophes qui nous menacent. Puisque l'amour n'est pas un mot pour nous faire rêver seulement, pratiquons-le et nous découvrirons qu'il est la vie même. Il peut même faire jaillir le bonheur dans nos cœurs, nous rend utiles aux yeux des autres. Il peut aussi nous faire renaître et réaliser de grandes merveilles pour les souffrants de ce monde.

Rappelez-vous que si Dieu est amour, donc nous sommes aussi des produits de l'amour, car malgré le sentiment de haine qui nous habite quelques fois, il continue à faire route avec nous, malgré nos conneries et nos horreurs, il nous aime un peu plus chaque jour. Cela veut dire que nous sommes capables à notre tour de vivre comme des créatures imprégnées d'amour. En un mot, notre devoir est de fournir un effort pour combattre toutes les formes de préjugés et de haines qui essaient d'endormir notre conscience et nous rendent aveugle devant la souffrance des autres.

En effet, l'amour de Dieu donne tout et fait tout. Même la foi vient de l'amour et agir par amour est inséparable de la charité. Il faut commencer par aimer l'autre pour lui-même, sans désirer son amour, c'est un apprentissage inséparable de la charité de Dieu. Je crois comme Maurice Nédoncelle que l'amour est : « une volonté de promotion mutuelle » ; donc dans l'agapè comme dans la communion, aimer est une redoutable exigence fraternelle. De plus, grande est la force de l'amour qui peut attirer chez nous la joie infinie, le bonheur durable, l'harmonie permanente et surtout une sécurité et stabilité perpétuelle dans nos relations de tous les jours. Quand on aime vraiment l'autre, on fait tout pour le protéger, le respecter comme un frère ou une sœur avec qui nous sommes condamnés à vivre pour le reste de notre vie.

Chapitre -IV-

L'Amour Est Tout Puissant

Aimer Est un Acte Concret

Si l'amour est vraiment l'unique voie pour une paix durable dans ce monde, s'il est la seule condition pour devenir des hommes et des femmes épanouis, s'il est l'unique option pour retrouver l'harmonie et la paix dans sa vie, pourquoi ne commençons-nous pas à le pratiquer pour changer notre façon de vivre dans ce monde. Si la délinquance est un signe d'un manque d'amour, luttons pour qu'il ait moins de délinquants dans notre société, moins d'enfants dans les rues, moins d'exploités et moins de souffrances dans ce vieux monde en quête de l'amour. Ainsi, la race humaine pourrait sortir des conflits en rejetant la vengeance, l'agression et l'esprit de revanche. Selon les mots du Dr. Martin Luther King Jr., le seul moyen d'en sortir de ce marasme est l'amour.

Il y a de cela quelques années, j'ai été témoin d'un événement qui m'avait choqué, et cela me hante encore l'esprit. Je surprenais sur la route de carrefour, en banlieue de la capitale haïtienne durant les mois de décembre 2004 précisément, un homme infirme, incapable de se tenir correctement comme tout homme, logé sur le trottoir directement en face du théâtre national. Il donnait l'impression d'être un homme gravement malade. Comme j'étais un peu jeune à cette époque, animé d'un esprit altruiste inapproprié, je me suis posé pas mal de questions. Cet homme, ne devrait-il pas être dans un centre où l'on pourrait prendre soin de lui, pourquoi il est là sous les yeux de tous dans l'indifférence totale. Mais hélas, il était là avec toutes ses blessures au visage, avec son infirmité, il essayait comme plus d'un de survivre, de résister aux calamités de la vie dans une condition infrahumaine au cœur de la capitale haïtienne. À ce moment précis, cette phrase de Gandhi m'envahissait les pensées : « le monde est un miroir où Dieu aime à voir jouer les reflets de sa propre gloire », mais hélas cette société haïtienne dite chrétienne est devenue une société de pharisiens hypocrites où les notions de charité restent dans la bible, mais pas dans la vie pratique des adeptes qui s'entrent tuent à longueur de journée pour défendre leurs doctrines au détriment même du principe de base de leur religion qui n'est autre que l'amour du prochain. Ils oublient tous que la gloire de Dieu, c'est l'homme qui aime son prochain pour conclure avec Gandhi.

Toutefois, là où se trouvait cet homme passaient quotidiennement des hommes d'affaires, des membres du gouvernement, des ministres, des élus locaux, des représentants des organismes qui défendent les droits de l'homme et surtout des religieux et religieuses de toutes confessions comme moi d'ailleurs. À cette époque, peut-être, portaient-ils tous des œillères pour changer leur regard sur la réalité de la vie ou sans doute étaient-ils tous des impuissants comme moi incapables de prendre une décision pour soulager la souffrance de cet homme condamné à mourir lentement sous le regard de tous ?

J'ai compris rapidement que la notion d'amour dont parlait Jésus dans la Bible est une question de vie ou de mort, car si seulement nous pouvons la pratiquer dans notre existence, beaucoup de choses pourraient changer dans notre société. Cela m'a poussé à réfléchir sur l'importance du commandement de l'amour, car la volonté de faire le bien est motivée par amour chez tout homme doué de bon sens, et si « la personne est volonté » comme l'a dit Ivan Gorby, c'est d'abord parce qu'elle est amour, car la volonté n'est que l'instrument dont se sert l'amour pour étendre son règne. La preuve est là, on ne peut pas aimer l'autre sans avoir vraiment la volonté de le prouver par des signes et des gestes concrets et spontanés. Rappelez-vous que la volonté d'aimer est le véhicule qui porte la conscience humaine vers le bien.

Ne Fermez Pas la Porte de Votre Cœur

On dit toujours que le chien qui se promène ne meurt jamais de faim. Ce proverbe vaut également pour tout homme qui a un cœur pour aimer, il ne sera jamais malheureux durant toute sa vie. Cela veut dire que si vous tentez, vous finirez par apprendre à aimer au-delà des sacrifices que cet acte requiert. Mille fois, et même plus, continuez à poser des gestes d'amour et vous verrez tout le bien que cela apportera à votre personne et à votre entourage. Car l'amour vaut vraiment la peine d'être vécu et d'être partagé. Et vous n'aurez jamais le sentiment d'indifférence qui pousse beaucoup à mal agir et à ignorer l'existence de l'autre. Car l'indifférence est l'absence de l'amour, de la charité et de la compassion dans le cœur de l'homme. Rappelez-vous que l'amour est créateur, la haine et l'indifférence sont destructrices et avilissantes.

Raisonner un amour, disait Stendhal, c'est peut-être déjà s'en guérir. Cela préfigure que l'Amour est un tout qui nous rend forts et puissants même devant les terrifiants obstacles de la vie courante. Toutefois, je dois relater que l'amour égoïste, c'est tout ce qui nous prive du bonheur, c'est ce qui nous divise, nous rend malheureux à l'intérieur tout en se cachant derrière des idées prétentieuses de supériorité.

Ainsi, aimer son prochain est inévitablement et certainement la seule drogue pouvant nous protéger contre la violence et la méchanceté des autres. Puisque l'amour seul est capable de donner un sens à notre existence. Je sais aussi que pour nombre d'entre vous, c'est la peur qui vous empêche d'aimer ou d'accepter l'autre comme un frère ou une sœur, mais sachez que lorsqu'on est capable d'apprivoiser sa peur, elle pourrait devenir rapidement une arme pour aimer davantage l'autre. Je veux croire qu'un jour les attaques et les crimes qui frappent notre monde nous mettront aussi devant les exigences de l'amour véritable. Pour cela, « nous devons apprendre à vivre comme des frères si nous ne voulons pas périr comme des sots ». Citation du Dr. Martin Luther King Jr.

Sachiez camarades que l'amour est sans doute la seule solution aux multiples problèmes auxquels est confronté le monde actuel. Il est capable de chambarder nos préjugés de couleurs et de classe, nos ambitions égoïstes, nos désirs mesquins de domination et d'exploitation des plus faibles. Il peut même opérer des changements miraculeux dans nos comportements, laissez-vous donc un peu de place à l'amour dans vos cœurs, je vous garantis que votre vie ne serait plus pareille.

Méfiez-Vous de la Ruse

On se croit aimer pour ce que nous sommes vraiment, mais souvent, on se trompe. Car l'amour est aussi rempli d'illusions. Mais n'est-il qu'une illusion ? Si nous écoutons les chansons, les films, les poèmes et les représentations théâtrale, les blagues et les histoires de chaque jour, tous nous disent qu'il n'y a pas d'amour heureux. Ont-ils tort ? Je ne le crois pas vraiment, car il nous arrive souvent de voir se séparer des gens qui croyaient s'aimer sérieusement, mais qui, après quelque temps, découvrent qu'il n'y a rien qui les lie vraiment, à ce moment-là ; s'ils étaient mariés, le divorce deviendrait inévitable. Ainsi, peut-on oser dire que cet amour, qui liait ces gens-là, avait apporté vraiment le bonheur ? Si oui, où est passé ce bonheur ?

Je reconnais aussi que se sentir aimé en soi est l'une des conditions qui permettent de développer une bonne santé physique et mentale. Dans la mesure où le vrai amour du prochain s'exprime naturellement à travers des faits et des gestes, des témoignages explicites et des signes d'affection qui surpassent la réalité humaine, car aimer l'autre est plus qu'un devoir, c'est la charte même de notre vie sur cette terre. Convaincu, que l'amour est la seule porte de sortir du tunnel d'enfer dans lequel se trouve l'humanité à cause de nos préjugés. L'heure est à l'amour, chers camarades, ainsi, laissez-vous aimer, car tout ce que vous faites sans amour vous conduira dans le néant.

Ensuite, il faut reconnaître qu'il ne peut y avoir d'amour pour les pauvres s'il n'y a pas d'action pour lutter contre la pauvreté et pour remédier à la souffrance qu'elle provoque. De même qu'il n'y a pas d'amour pour celui qui a faim si rien n'est entrepris pour lui permettre de se nourrir, ni amour de l'opprimé sans rechercher sa libération, ni amour du malade sans panser ses blessures, ni amour de l'isoler sans lui rendre visite, disait Gustavo Gutierrez. L'amour ainsi compris permet d'échapper aux illusions de l'amour, car toute déclaration d'amour réclame des preuves tangibles.

Je voudrais affirmer que souvent nous nous trompons sur l'amour, nous confondons nos désirs et nos pulsions avec ce sentiment si noble qui échappe à notre entendement. Car il nous arrive quotidiennement d'être attirés vers les gens pour leur apparence physique, et l'impression qu'ils inspirent sans connaître vraiment leur personnalité. Ce que j'appelle l'attraction physique qui incline des éléments de nature diverse à entrer en contact pour une durée bien limitée. Alors que pour nous autres humains, l'amour vrai n'a pas de limites, ni de durée dans le temps, car il traverse le temps et transcende tout. Voilà pourquoi certaines relations ne peuvent pas résister dans les situations de crise, et notre jeunesse, malheureusement, ne cesse de revivre des relations fantaisistes basées sur le dehors, et les futilités maquillées pour satisfaire leurs instincts.

Ainsi, nous avons une société déstabilisée et déséquilibrée assoiffée d'amour véritable.

Il faut admettre que la peur de l'amour est un sentiment normal lorsqu'on a vécu des expériences négatives, mais il ne faut pas lui donner une place et la laisser gouverner nos vies. Heureusement, nous pouvons apprendre à aimer et, comme nous l'avons déjà relaté la première étape consiste à travailler sur l'amour de soi et la compassion pour soi. Pour développer ces qualités, nous pouvons utiliser la méditation comme ressource. Eh bien, il a été prouvé que les moines qui pratiquent cette pratique développent différentes fréquences d'ondes *alpha* dans le cerveau, par rapport au reste de la population mondiale, voilà pourquoi nous vous invitons à rester calme et surtout à ne pas laisser ni la haine, ni l'esprit de vengeance vous empêcher de pratique l'amour dans vos relations avec les autres.

Chapitre -V-

Le Langage de l'Amour

Aimer en Toute Sincérité

Ainsi, celui qui est animé par la soif d'aimer se trouve dans des situations qui le poussent à faire toujours du bien pour son frère, il devient incapable de mentir, incapable d'exploiter la faiblesse de l'autre, de faire souffrir l'autre. Lorsque ce désir est absent en nous, nous devenons un loup pour l'autre. Mais, si vous convenez avec moi que l'amour est indispensable à notre épanouissement dans ce monde, il faut que vous acceptiez de vous courber aussi devant toutes les lois qui parlent d'amour avec toutes les exigences que cela implique. D'ailleurs, s'il existe vraiment une loi dont nous sommes vraiment esclaves, elle n'est autre que l'amour fraternel.

Maintenant, je peux l'affirmer, que vous soyez d'accord ou pas : l'amour est la seule source de toute vie, il est la source de la liberté, de la joie et du pardon mutuel, il est capable de guérir tout, c'est l'unique antidote que nous avons besoin dans le monde pour changer et transformer la situation de tant de frères et sœurs qui souffrent tout autour de nous. Et cette source de vie est cachée non seulement en chacun de nous, mais surtout en l'autre, celui qui se trouve à côté de nous et qui attend de nous une simple salutation ou encore un sourire pour égayer sa journée. Mais hélas, souvent, nos cœurs sont truffés d'orgueil qui nous empêche de voir que nous sommes condamnés à vivre et à faire route ensemble. « Insistons sur le développement de l'amour, la gentillesse, la compréhension, la paix. » « Le reste nous sera offert. » Conclure Mère Theresa dans une de ces interventions. Ceci est vrai, car pour les adeptes de la religion, n'attendez pas de rencontrer Dieu en dehors de l'homme, car l'autre est la demeure de Dieu, d'où aimer Dieu, c'est aimer l'homme, l'autre que nous rencontrons chaque jour sur notre passage ; et si je soutiens que l'unique religion de l'homme est l'amour, c'est parce que je crois que le dieu de notre religion est un dieu d'amour.

Je le dis mille fois, on meurt vraiment sur cette terre non seulement lorsqu'on est incapable d'aimer et d'aimer son prochain comme soi-même, mais surtout lorsqu'on n'a pas été aimé par son prochain le plus proche. Le contraire est aussi vrai, puisque le manque d'amour peut nous rendre méchants et cruels et c'est ce qui a causé et causera sans doute encore des guerres, des conflits inutiles dans le monde avec les conséquences désastreuses que nous connaissons tous.

Le grand saint qu'était Père Monier, de son vivant, disait que « la joie, c'est la vie en croissance », mais qui peut être joyeux dans ce monde si triste, difficile et compliqué pour tant de frères et sœurs, sinon ceux et celles qui sont incapables d'aimer ? Ils sont sans doute les seuls à être heureux et joyeux dans cet univers démoniaque dépourvu d'amour vrai.

Si vous ne le saviez pas encore, sachez que Jésus n'est pas mort sur la croix à cause des tortures subies durant sa Passion, mais surtout à cause de la haine des hommes. C'est pourquoi je vous demande, d'être très clairvoyant, car aucun homme ne peut voir Dieu, s'il n'arrive pas à aimer son prochain qu'il voit à chaque seconde. Ainsi, aimer son prochain de tout son cœur, c'est accepter de lutter contre toutes les formes de caricature de l'homme et de prôner un humanisme à la manière de Jésus. Car seul l'amour est capable de nous libérer de nos peines, de nos souffrances et de nos haines, seul l'amour peut nous rendre libres.

Qui Peut Vivre Sans l'Amour ?

L'amour, mes chers camarades, est le seul aliment que nous sommes obligés de pourvoir à notre âme pour être en bonne santé spirituelle sur cette terre. Car la vraie vocation de l'homme est d'aimer de tout son cœur ses frères et sœurs qui sont dans le besoin.

Nous ne sommes pas sans savoir que notre monde d'aujourd'hui est dirigé par beaucoup d'hommes sans foi ni loi, qui se croient au-dessus de toute loi, qui pensent pouvoir tout faire en toute impunité ; certains d'entre eux pensent même qu'ils sont capables de détruire la planète pour satisfaire leur ego. C'est pourquoi ils décident pour des gens qu'ils ne connaissent même pas, ils changent les chefs d'États des pays qu'ils veulent contrôler par des insurrections fabriquées et manipulées de l'extérieur en utilisant et en corrompant des voyous internes. Ils créent des tensions à longueur de journée, ils tuent des milliers de gens à leur gré, en invoquant des prétentions égoïstes et discriminatoires qui favorisent leurs intérêts personnels et claniques. De plus, ils ont à leur rescousse l'aide des médias pour continuer à manipuler l'opinion publique, et à nous faire avaler leurs conneries.

Je me demande s'ils dorment la nuit, ou encore s'ils n'ont jamais pris le temps de réfléchir sur le nombre des victimes innocentes qu'ils entraînent après chaque intervention militaire spécialement en Irak, en Afghanistan, en Somalie, au Soudan, en Syrie, en Lybie, au Yémen, et récemment en Ukraine, sans oublier les coups ratés en Amérique du Sud et l'Amérique latine pour les cas plus récents. Ont-ils donc un cœur, ces psychopathes minables qui dirigent nombre de pays en ce moment.

L'Homme ne peut pas vivre sans amour. Il reste un être incompréhensible pour lui-même, sa vie n'a pas de sens si l'amour ne lui est pas révélé, s'il ne le rencontre pas, s'il ne le vit pas et ne le fait pas sien, s'il n'y participe pas vivement. C'est précisément pour cette raison que le Christ dans la Bible, révèle pleinement l'homme à l'homme lui-même. Telle est si l'on peut s'exprimer ainsi la dimension humaine du mystère de la Rédemption. Dans cette dimension, l'homme redécouvre la grandeur, la dignité et la valeur de son humanité. Dans le Mystère de la Rédemption, l'homme est « confirmé » et d'une certaine manière est recréé. Il est de nouveau créé ! « Il n'est ni Juif ni Grec : il n'est ni esclave ni libre ; n'est ni mâle ni femelle, parce que vous êtes tous un en Jésus-Christ. » *Lettre encyclique Redemptor Hominis, 4 mars 1979.*

Il est évident que l'amour est un sentiment qui prend naissance en nous-mêmes, donc, si nous ne nous aimons pas, nous ne pouvons pas aimer les autres de manière saine. Cependant, si nous vivons sans ressentir d'amour pour les gens et les choses, la vie n'aura aucun sens, elle sera calme, sans émotion, sans les hauts et les bas qui la suscitent ; l'amour est ce qui nous motive à faire des choses pour vivre heureux et en paix.

Lorsque vous pensez à des personnes qui s'aiment, leurs qualités sont généralement mises en évidence, ce que le reste de l'environnement devrait faire. C'est la même chose que nous devrions faire avec toutes les choses, les êtres humains sont des non-conformistes par nature, mais nous devons garder à l'esprit qu'on ne tombe jamais amoureux des idéaux, on tombe simplement amoureux et c'est tout, alors tout comme quand on tombe amoureux de quelqu'un on tient compte de ses qualités, il faut toujours voir les bonnes choses et ne pas se limiter par les mauvaises, ainsi si nous faisons un effort pour aimer vraiment les autres nous découvrons toujours leurs qualités avant de les juger et de leurs traiter de n'importe quoi.

Car la vie sans amour n'est pas la vie, ce serait comme une catalepsie, et donc ce qui se fait sans amour finit par avoir des résultats contraires à ceux attendus, par exemple : la bonté sans amour conduit à l'hypocrisie, la foi sans amour conduit au fanatisme, le devoir sans amour la mauvaise humeur, l'honneur sans l'amour fait l'arrogance, l'amitié sans l'amour fait l'intérêt, la possession sans l'amour fait l'ambition, le travail sans l'amour fait l'esclave et la liste est encore longue. De ce constat, si les hommes d'aujourd'hui oublient que l'amour est comme une graine de moutarde jetée dans la terre qui a besoin d'être arrosée pour ne pas être étouffé et tué, car si on ne le protège pas, il finira peut-être par pousser, mais il ne donnera pas de fruits, cela veut dire clairement que si on ne fait pas davantage d'effort pour aimer, ce sentiment si puissant qu'est l'amour disparaîtra inévitablement de nos consciences.

Le Rêve de l'Amour

Il n'y a pas si longtemps, je faisais un rêve. J'ai rêvé d'un monde où l'amour est l'unique motif qui pousse les hommes à bien vivre, et à faire du bien. J'ai rêvé d'une nouvelle civilisation, une civilisation de l'amour, comme le dit le Pape Jean Paul II, et dans cette nouvelle civilisation, je ne crois pas qu'une paix durable pourrait prendre naissance dans le monde sans l'amour fraternel.

Dans ce rêve, je vois l'Amour qui nous reproche de l'avoir méprisé au profit de la haine, car il a pris conscience qu'il avait été écarté de presque tous nos projets personnels. Certainement, l'Amour pourrait nous passer en dérision pour avoir tenté de tout faire sans lui, sans son appui. Pourtant, c'est encore lui qui va panser toutes nos blessures causées par la haine des hommes, sans doute, il va nous pardonner, car il connaît nos limites et nos fragilités humaines. C'est dans ce rêve que j'ai pu comprendre également que l'homme authentique n'est autre que celui qui peut pardonner de tout son cœur même à son pire ennemi, puisque sa devise première est d'aimer sans mesure ses semblables.

Avant de me réveiller, j'ai vu que notre histoire porte les stigmates d'un manque d'amour que chaque homme porte sur son front. Ce manque d'amour est présent même dans nos sourires, dans nos discours, dans nos regards fades et amers. On dirait qu'en tout ce que nous faisons, nous sommes dupes. Donc, nous n'avons rien en nous qui puisse masquer ce manque accru de l'amour fraternel. Tout ce qui sort de nous en porte les séquelles. Ainsi, nous sommes condamnés à faire nôtre le commandement de l'amour fraternel pour une nouvelle civilisation de paix, de charité et de justice dans notre vieux monde bourré de haines et de discordes.

J'ai choisi l'amour, j'ai refusé la haine. C'est ce slogan que je rêve de voir sur toutes les affiches de publicité, dans toutes les revues culturelles, devant toutes les salles de cinéma et de spectacles, devant tous les supermarchés et les boutiques du monde entier. Je rêve de voir apparaître ce slogan sur les places publiques, dans tous les parkings, sur tous les bus, train, et avion, ainsi les personnes pourraient prendre conscience de la situation actuelle et le monde pourrait connaître un moment de stabilité et de tranquillité jamais vu dans l'histoire, à force de prendre conscience que ce slogan est un médicament à consommer sans prescription pour notre survie sur cette planète.

Le Témoignage Parfait

Je vais partager avec vous le témoignage d'une mère qui a perdu son fils aîné de 16 ans. Peut-être vous connaissez cette histoire qui a fait le tour du monde dans les années 70. « J'ai choisi de refuser la haine » déclara Dorothée B. Moorefield, mère de Rick assassiné en 1976 par un voleur. Elle s'est opposée 13 ans plus tard à l'exécution du coupable et voici sa déclaration : « Nous n'arrêtons pas la violence qui nous entoure si nous n'apprenons pas à aimer, à comprendre et à aider ceux qui vivent dans la pauvreté, ceux qui n'ont pas d'avenir. » « Il faut commencer à aimer les enfants en leur apprenant à aimer les autres et à s'aimer eux-mêmes et en leur inculquant le respect de la vie humaine ». C'est seulement en reconnaissant le droit sacré à la vie que l'on peut pleurer ceux qui sont enlevés à notre affection. En envoyant un criminel à la mort, on ne fait que dévaloriser le prix de la vie humaine. » Un témoignage vivant qui touchait le cœur de plus d'un.

Il faut reconnaître que l'amour est le seul sentiment capable d'opérer des changements radicaux dans nos relations avec les autres, lui seul est capable de faire disparaître nos clichés diaboliques qui nous empêchent de voir en l'autre un frère et une sœur à aimer et à accepter comme Dieu nous aime et nous accepte tels que nous sommes personnellement. L'amour peut nous approcher de nos ennemis, il peut ouvrir toutes les portes que la haine et la rancune ont fermées en nous, il peut déverrouiller les cœurs les plus endurcis. Ainsi, accepter d'aimer vraiment les autres nous pousse à poser des questions sérieuses comme celle-ci : puis-je être pour l'autre malade, le remède tellement attendu pour le guérir ? Puis-je être pour l'autre un trésor inépuisable, être prêt à l'aimer, à lui rendre de tout cœur les services qu'il désire ?

Puisque tout homme, qu'on le veuille ou non, est créé pour être heureux, sachez que ce bonheur est indubitablement conditionné par la qualité de nos relations avec les autres. Ainsi, nous sommes condamnés à aimer l'autre et à l'accepter dans tout ce qu'il a de différent, dans tout ce qui nous dérange, et surtout dans tout ce qu'il fait pour nous surprendre. « Ayez le courage et la générosité de ne jamais haïr » disait le Monseigneur Elias Chacour, évêque palestinien témoin du comportement arbitraire et barbare d'Israël en territoire palestinien. Cette générosité, si nous essayons de l'acquérir, la vie sur notre planète aura sans aucun doute un vrai sens ; les troubles disparaîtront ; nos tourments s'envoleront et nos blessures seront guéries. Détester celui ou celle qui est différent de nous, ou qui ne partage pas nos points de vue, c'est détester une partie de nous-mêmes, car l'autre est notre moitié.

Chapitre -VI-

L'Amour Est Plus Fort que Toutes les Raisons

L'Amour Sans Limite

Je sais qu'il y a des gens qui refusent d'aimer l'autre en disant que l'autre n'est pas charmant, qu'il est trop réservé, qu'il est obèse, qu'il n'est pas ouvert, qu'il est nul, etc. La réponse que je donnerai à ces personnes, est simple : que l'amour se moque toujours de la beauté physique, que la véritable beauté vient du cœur, qu'elle n'a rien à voir avec l'apparence corporelle et les traits de caractères externes d'une personne. Car le vrai amour regarde avant tout le dedans.

Comprenez bien ceci, si l'amour est complètement indéfinissable, sachez qu'on peut le reconnaître facilement dans les yeux et dans les sourires de ceux qui savent aimer et qui peuvent aimer sans poser de questions futiles. Car celui qui est capable d'aimer est toujours heureux d'accueillir l'autre et sa vie est quasi une vie remplie de satisfaction et de joie intense. Tout cela nous permet de reconnaître que l'amour du prochain n'est pas un simple feu follet de sensation, ni seulement un coup de foudre entre deux personnes de sexes différents. L'amour est un feu dévorant qui pulvérise tous les préjugés et renverse toutes les barrières sociales, cela veut dire clairement qu'aimer vraiment son prochain requiert beaucoup d'héroïsme et de conviction.

Dois-je encore vous répéter que l'amour ne se réduit pas à l'impression que nous avons d'aimer ou de ne pas aimer. Accepter d'aimer l'autre est une décision que nous devons prendre contre les forces du mal qui nous empêchent de voir dans l'autre notre alter ego, de l'accepter et de le tolérer. Pour la énième fois, je vous demande d'écouter le cri de vos cœurs afin d'accueillir les autres, les plus faibles de notre société, qui nous invitent à les accepter et à les aimer spontanément. Faisant ainsi, nous contribuerions à faire atterrir dans le cœur des autres la semence de la civilisation de l'amour que l'humanité a tant rêvé depuis des lustres.

Puisque le vrai amour n'a pas de limites, puisqu'il est facile à reconnaître, puisqu'il surmonte la rancune, et fait confiance en tout, espère tout, endure tout, supporte tout pour le bien des autres ; et que son seul ennemi est l'égoïsme, pourquoi ne pas l'accueillir dans son cœur comme un cadeau afin d'avoir une vie plus ou moins équilibrée sur terre. « Néanmoins, nous ne nous sentirons pas trahis par nos contraintes internes en acceptant de tendre la main à l'autre puisqu'aimer son prochain, c'est chercher à rétablir en sa faveur les conditions normales de la vie », disait Marie Gerin Lajoie.

Qui Est Notre Prochain ?

Notre prochain, ce ne sont pas uniquement nos parents, les membres de nos familles respectives. Il ne se limite pas non plus aux camarades que nous avons fréquentés sur les bancs de l'école, il ne se réduit pas non plus aux membres de nos cercles ou encore de nos clans si restreints auxquels nous sommes si attachés. Au contraire, notre prochain, ce sont tous ceux et celles qui ont un corps et une âme comme nous, tous ceux et celles que nous rencontrons chaque jour sur notre chemin, les sans-abris, les paumés, les pauvres, les riches, les clochards, les drogués, les alcooliques, les prostituées, et tous les hommes bien portant que nous croisons sur nos routes à longueur de journée. Notre prochain, ce sont surtout ceux et celles que nous ne connaissons même pas, mais qui certainement font partie de la race humaine, notamment ceux dont nous nous faisons proches quand ils sont dans le besoin.

Souvent, pour ne pas accueillir l'autre qui nous approche dans les rues, qui traverse nos frontières, nous construisons nos propres barrières, nous inventons de nouveaux murs pour ne pas voir l'autre, qui souffre et qui a besoin de notre aide. Tel est le cas d'Israël avec la Palestine et celui des Dominicains avec le peuple Haïtien d'aujourd'hui. Pour les premiers, nous assistons depuis quelque temps dans ce conflit à une forme d'hypocrisie de la part des dirigeants occidentaux qui deviennent complices de la cruauté du gouvernement Israélien contre le pauvre peuple palestinien sous prétexte qu'Israël doit se défendre alors qu'ils sont les premiers agresseurs, les colonisateurs et les envahisseurs qui chaque jour tuent et massacrent les Palestiniens. Ainsi, parler du peuple élu de Dieu devient même une aberration aux yeux du reste du monde. Donc, si l'amour de Dieu est la racine indestructible de notre être face à toutes les tempêtes de la vie, l'amour du prochain est la source de toute relation intime avec le Créateur et l'aboutissement de tout combat pour la libération totale de l'homme sur cette terre.

Concernant le conflit entre les Haïtiens et leurs voisins qui est sans doute une vieille histoire centenaire, puisque les Haïtiens ont osé dominer et occuper le territoire Dominicain pendant une vingtaine d'années avec le président Boyer, ce que les Dominicains ont du mal à accepter aujourd'hui encore, puisqu'ils se croient supérieurs aux Haïtiens. Ils ont par la suite manifesté une forme de haine souvent voilée vis-à-vis de nos compatriotes qui vivent sur leur territoire, sans oublier le massacre des milliers d'Haïtiens au début du siècle dernier par le président Trouillot dont lui-même est le fils d'une régresse haïtienne. Toutefois, il faut reconnaître qu'il y avait toujours de très bonnes relations entre les deux peuples, même si les dirigeants voisins ont toujours tendance à nous humilier et à nous mépriser à cause de notre condition de vie qui se détériore depuis plusieurs décennies. Mais, tout cela ne changera pas le fait qu'à l'origine ces deux peuples ne faisaient qu'

Je ne peux pas l'aimer, disent souvent des gens comme vous et moi, car il est différent de moi. Nous justifions nos haines et nos préjugés, nos rejets, nos querelles, pour ne pas accepter l'autre comme tel et surtout comme un frère ou une sœur à valoriser. Cette culture d'indifférence nous crève nos cœurs comme un abcès que seul le vrai amour pourrait guérir. Car nous oublions que l'autre est notre semblable, qu'il a des droits et des besoins légitimes à satisfaire comme nous tous.

Nombreux sont ceux et celles qui se déclarent être disciples de Jésus, et ceci même dans l'Église, mais qui sont incapables d'aimer et de s'imposer les renoncements nécessaires que l'amour fraternel exige. À savoir, aimer et accepter l'autre de tout son cœur. Ils oublient qu'aimer l'autre de tout son cœur est le fruit de la grâce et de l'amour divin. Donc, tous les hommes et femmes de bon sens et conscients de leur responsabilité vis-à-vis de l'autre, devraient se laisser transformer par cette grâce divine qui est l'amour inconditionnel pour les autres ; ainsi, la vie sur cette terre sera comme les premiers jours du paradis rêvé et notre humanité retrouvera sa fierté d'antan.

Saint Paul peut avoir raison, quand il présentait « l'amour du prochain comme l'accomplissement de la loi, le lien de la perfection, la voie la meilleure, en somme la totalité de la forme d'existence chrétienne ». Il est incontestablement vrai que le commandement de l'amour, établi par Jésus, veut d'abord nous dire que Dieu nous aime en premier, pas pour l'aimer en retour, mais pour que nous nous aimions les uns, les autres, avant toute chose. Car l'amour du prochain est inséparable de la charité et de la justice. Et quand on est en mesure d'aimer vraiment l'autre, le seul petit acte de pur amour qu'on peut poser pour lui/elle vaut mieux que toutes les œuvres du monde, disait Saint Jean de la Croix.

L'Amour Qui Transforme Notre Vie

"Mes bien-aimés, aimons-nous les uns les autres, car l'amour vient de Dieu et quiconque aime est né de Dieu et connaît Dieu. Celui qui n'aime pas n'a pas connu Dieu, car Dieu est amour." (1Jn4,7-8) Si j'ose vous poser des questions pertinentes à propos de l'amour, c'est tout simplement parce que je suis motivé par le désir de vous faire comprendre l'importance de l'amour fraternel et comment cet amour est indispensable à notre pèlerinage sur cette terre.

Oui, qui d'entre-nous, en effet, sur cette terre, ne porte pas en lui la nostalgie de l'amour ? Qui d'entre-nous ne rêve pas de voir un monde où la promotion et le respect des droits humains se cristallisent dans une atmosphère d'amour fraternel, où l'homme est capable d'aimer sans préjugé son prochain ? Et quelles que soient nos ambitions politiques, quels que soient nos projets de développement, si nous ne sommes pas capables d'aimer et d'accepter l'autre comme un frère et comme une sœur d'une seule famille, la famille humaine, et d'un seul créateur, nous sommes encore condamnés à voir le pire, à nous diviser davantage. Car l'amour est notre seul espoir, notre seul recours, notre unique solution devant la spirale de violence et de division qui ronge notre société. Par expérience, je reconnais que l'homme jeté dans ce monde est aussi obsédé par le désir d'être aimé par ses semblables. Alors qui ne rêve pas que l'amour ait le dernier mot dans ce monde, c'est-à-dire dans une société où l'amour est notre seule boussole ?

Ainsi, pour croire vraiment en Dieu et pour savoir qui il est, qui nous sommes vraiment, et qui sont nos frères et sœurs, il faut d'abord commencer par aimer, car on dit que la foi vient de l'amour et de la charité. Et sans la foi en Dieu, on ne pourra pas faire le premier pas vers l'autre, on ne pourra pas vraiment aimer de tout son cœur ceux qui sont déjà aimés par Dieu avant d'être aimés par nous. Cessons d'être esclaves de nos passions qui nous dénaturent devant la souffrance des autres, ouvrons nos cœurs pour compatir et combattre de toutes nos forces la haine et le mépris dont sont victimes les plus fragiles de notre société.

Dois-je rappeler aux indécis que l'amour n'est pas seulement indispensable à la vie, qu'il est la vie même. Puisque sans l'amour, vivre sur cette terre serait légitimement un projet mort-né. Comme disait Saint Augustin, l'amour réduit à néant les fardeaux les plus lourds de l'existence. Ainsi, se laisser aimer par les autres nous aiderait à nous décharger de ces fardeaux. Si je vous propose d'aimer, d'aimer vraiment vos semblables, d'aimer contre toutes contraintes, c'est parce que je crois qu'il existe dans le cœur de chacun de nous, un trésor prodigieux d'amour que nous devrions exploiter pour notre plein épanouissement sur cette terre. À vous de le faire surgir pour transformer le monde. Et que tout homme doué de bon sens doit se laisser guider dans ses choix quotidiens par l'amour fraternel.

Par Amour Tout Devient Possible

Quand vous vous trouvez dans des situations qui vous empêchent d'aimer les autres, pensez à des milliers d'autres personnes qui choisissent d'aimer radicalement tout le genre humain. J'ai trouvé cette phrase assez intéressante dans une revue canadienne ; elle est d'un prêtre oblat de Marie Immaculée ; pour moi, cette phrase traduit la pensée d'un homme pétri par l'évangile de Jésus-Christ : « Le jour où j'arrête, d'aimer, j'arrête d'évangéliser ». Une phrase pareille devrait être écrite au seuil de toutes les cathédrales du monde et de toutes les églises, car sans l'amour pour le prochain, je ne crois pas qu'un prêtre ou un pasteur serait vraiment en mesure d'évangéliser dans le monde d'aujourd'hui.

Ouvrez donc vos cœurs pour aimer et pour accueillir les autres, les plus petits, ceux qui ont faim, les oubliés de la vie, tous ceux et celles qui sont abandonnés dans les rues et dans les prisons. Si l'amour pour le prochain est la seule vérité qui peut changer notre condition humaine, le lieu de l'extrême amour est du côté de la grande épreuve et l'amour vrai commence par-delà l'amour impossible. Et cet amour pour les autres peut surgir dans toute vie, même dans les lieux de misère. L'amour pour les autres veut tout, mais hélas, ne réclame rien, sinon l'élan de nos cœurs.

Il est vrai qu'on le répète sans cesse ; que l'amour désintéressé n'existe pas humainement parlant. Beaucoup de gens pensent qu'il n'est pas possible d'aimer les autres pour eux-mêmes. Puisque Le véritable amour est la seule richesse qui ne peut être ni achetée ni vendue. Il est donné à ceux qui le méritent et il est enlevé à ceux qui ne l'apprécient pas. Si vous recherchez le véritable amour, abandonnez les amours médiocres que vous trouvez, nous dit Paulo Coelho. Ainsi, vous n'avez pas besoin d'être un ingénieur pour construire l'amour, ou un avocat pour le défendre ou un médecin pour le sauver. Il faut seulement être honnête pour regarder l'autre dans les yeux et pour y voir qu'il est un frère ou une sœur à aimer. Car le véritable amour ne se connaît pas par ce qu'il demande, mais par ce qu'il offre.

Chapitre -VII-

L'Amour Est Plus Fort que Toutes les Raisons

Est-il Facile d'Aimer ?

Si aimer était une chose facile, nous aurions sans doute un monde sans pauvreté, sans misère, sans discrimination, sans préjugé ni violence et surtout sans aucune haine. Si aimer était facile, le cœur de l'homme ne serait pas le lieu de tant de rancune et de l'inimitié constituant les poisons les plus violents qui nous détruisent chaque jour. L'homme mature, l'homme libre est en ce sens celui qui ne craint pas d'aimer et de poser un geste d'amour pour soulager la souffrance de son prochain. Dans cette perspective, l'amour est devenu critère de maturité, car l'amour est l'essence qui précède l'existence de tout homme sur cette terre. Si aimer vraiment l'autre était un acte facile, êtes-vous prêt à aimer sans attendre rien en retour, êtes-vous capable d'aimer sans vouloir être aimé ?

Il semble que pour nombre d'entre nous, aimer n'est autre qu'un rêve qui ne se réalisera jamais, car nous nous attachons trop souvent à nous-mêmes, nous sommes trop narcissiques pour nous laisser transformer par l'amour fraternel. D'ailleurs, vous le savez bien, l'amour du prochain a pour unique raison d'être de ne rien vouloir accepter pour soi-même, de partager toujours avec les autres. Quand je mentionne le mot partage, je ne parle pas des choses dont nous voulons nous débarrasser parce que nous n'en voulons plus, mais je parle surtout de ce qui compte beaucoup à nos yeux, mais au nom de la fraternité, nous décidons juste de l'offrir à un autre dans le besoin. Parce qu'il arrive souvent que nous donnions des cadeaux empoisonnés aux gens sous prétexte que nous voulons juste améliorer ou changer leur situation. Je peux citer en exemples certains occidentaux qui vont dans des régions en difficultés sur notre globe, apporter l'aide sous forme de médicaments et de nourriture, alors que derrière ces médicaments il y des intentions inhumaines inacceptables ; spécialement derrière les vaccins et les pilules distribuées en Afrique et dans certaines régions de l'Asie, en particulier l'Inde où l'état dénonçait le comportement de certaines organisations pour actions malhonnêtes. Et lorsqu'on est capable de tout partager avec les autres, on sera sans doute en mesure d'aimer et d'aimer jusqu'à l'extrême limite de l'amour sans jamais penser à faire souffrir l'autre et à l'exploiter volontairement en profitant de sa naïveté.

Un Amour Désintéressé

Aujourd'hui, nous pouvons constater combien le monde a soif de l'amour pur, de l'amour désintéressé, de l'amour sincère afin de sauver notre planète menacée de destruction à cause de nos actes de pillages et de déprédation. Si seulement les puissants de ce monde arrivaient à prendre conscience de l'état de la situation actuelle, ils pourraient faire le sacrifice de réduire leurs profits, freiner l'exploitation acharnée des ressources naturelles et laisser respirer la planète afin de protéger les hommes sur cette terre. Mais hélas, ils sont tellement aveuglés par la quête du gain qu'ils ne voient même pas que nous courons directement vers une catastrophe sans précédent face aux problèmes environnementaux et aux changements climatiques qui affectent toute vie terrestre.

Les hommes sont si rivés au gain, qu'ils ne sont pas capables de voir que l'amour est l'unique voie pouvant nous épargner du désastre humanitaire qui guette notre monde. Je le dis mille fois, l'amour est la seule arme qui peut assainir nos passions insalubres et nos désirs égocentriques et nous préserver d'une potentielle extermination de la race humaine dans les années à venir.

Je crois que le moment est venu de promouvoir et de cultiver l'amour authentique afin de guérir les blessures occasionnées par les guerres inutiles, les conflits déraisonnés, qui ont anéanti à jamais des millions d'innocents sur notre terre. Je n'ai aucun doute que l'amour interpersonnel peut nous aider à rencontrer l'autre, à reconnaître nos cruautés, à avouer nos bavures, et surtout à faire nos mea-culpa vis-à-vis de tous ceux-là que nous avions exploités, martyrisés, diabolisés, au profit de nos intérêts personnels. Car, cet amour authentique est libre comme le vent, c'est un amour absolu, inconditionnel. Tant disque l'amour inspiré par les intérêts, nous pousse toujours vers le profit et nous deviendrons alors des monstres dans la peau des anges pour mieux attirer nos victimes dans nos pièges.

C'est la raison pour laquelle je vous invite une fois de plus à ne pas vous laisser emporter par la passion, ni par la richesse, car vous risquerez d'affaiblir l'amour véritable qui est en chacun de nous. Ainsi, pour nous laisser transformer par l'amour, nous avons besoin de bien discerner, car seul un bon discernement est capable de purifier nos cœurs, de changer tout ce qui est négatif en nous, afin de nous orienter vers l'altruisme pour mieux dominer nos instincts et nos pulsions qui peuvent tuer en nous nos élans vers le véritable amour. Après ce changement drastique et définitif, l'amour authentique finira par triompher et par défier toutes les forces du mal qui tenteront de nous envahir pour voir d'abord l'épanouissement de l'autre avant nos intérêts mesquins.

Je dois mentionner qu'aimer est un acte risqué, parce que les conséquences d'un amour radical requièrent toujours un dépassement de soi, puisque beaucoup d'actes d'amour se réalisent dans le combat de tous les jours comme l'ont fait nos modèles cités ci-devant. Oui, le prix de l'amour, c'est d'aimer sans mesure jusqu'à trouver sa joie dans le bonheur de l'autre. Car la beauté de la vie se trouve dans les exigences de l'amour, dans le dépassement de soi pour accepter l'autre, pour aimer l'autre comme Dieu nous aime infiniment.

Aimer, C'est Apprendre à Pardonner

Que vous soyez victime de violence, d'humiliation, de trahison, d'exploitation à cause de la méchanceté de l'autre. Même si l'on a beaucoup souffert, il faut pardonner pour soi et pour se délivrer de sa dette de haine contre les bourreaux. Comment pourrais-je vivre en paix, si je refuse de pardonner à mon prochain qui vit à côté de moi ? Cette question devrait toucher la conscience de tous les hommes doués de bon sens sur cette Terre. Parce que l'unique moyen de trouver la paix intérieure serait d'offrir le pardon ou de le recevoir. Le pardon n'est pas un acte humain, c'est surtout une grâce, et c'est peut-être la plus importante des grâces, en un mot l'une des pistes les plus sûres pour avoir vraiment une étroite relation avec soi-même et surtout avec nos frères et sœurs, car le pardon est une puissance qui peut nous guérir et nous rendre libres de nos prédateurs. « Pour me sentir vivante, retrouver en moi la paix, j'ai pardonné, raconte Elizabeth, 37 ans, violée par son père de 11 à 16 ans. Parce que je continuais à souffrir. Je ne m'aimais pas et je sentais bien que tant que j'en voudrais à mon père, rien ne changerait »

Si pardonner, c'est aimer ; alors notre mission première est d'aimer n'importe quelle personne, son passé, ses actions, ses faiblesses, parce que rien n'est impardonnable. Je dois vous rappeler que le pardon est la preuve tangible de l'amour de Dieu à notre égard, pour ceux qui sont croyants bien sûr. Le pardon, quand il se vit ainsi, dans l'intimité des cœurs, est indéniablement un acte de liberté intérieure hors norme et hors dogme. Il devient aussi la marque d'une certaine force qui atteint autant ceux qui le donnent que ceux qui le reçoivent.

Pardonner, c'est aussi donner ou encore partager l'amour de soi avec l'autre ; recevoir le pardon, c'est recevoir l'autre dans son cœur, c'est recevoir l'amour de l'autre. Certes, c'est une démarche sérieuse et à la fois dangereuse, mais il est également important de décider de ne pas se venger, de choisir d'aimer l'autre, de l'accepter, de reconnaître sa blessure et sa pauvreté intérieure pour aller à sa rencontre, pour lui offrir le pardon et le recevoir.

Un condamné à mort filmé récemment dans un pénitencier des États-Unis racontait la transformation qu'avait provoquée sa rencontre avec les parents de sa victime : « Jamais je n'ai eu aussi peur de ma vie et, quand ils m'ont dit qu'ils me pardonnaient, j'ai senti le sol s'ouvrir sous mes pieds et j'ai éclaté en sanglots. J'ai pu ensuite pleurer pendant des mois. En me montrant ce que c'est qu'être humain, ils m'ont aidé à prendre conscience de mon crime. » « Serait-ce le vrai pouvoir du pardon, n'être ni un coup d'éponge ni une lessive, mais une recréation. » (François Varillon cité par J. Duquesne dans La Religion, les maux, les vices, Presses de la Renaissance, 1998).

Nous vivons dans un monde dans lequel la méchanceté des hommes n'a pas de limites ; ceux sur qui nous devrions compter sont les premiers à nous poignarder dans le dos. L'une des choses les plus difficiles à accomplir que Jésus nous demande est de nous aimer les uns les autres comme nous-mêmes et de pardonner à ceux qui nous ont fait du tort. Je suis sûr que nous oublions cela quand nous sommes attaqués par quelqu'un ou quand quelqu'un nous fait du mal. En tant qu'êtres humains, il est tout à fait normal de ressentir de la colère et d'être malheureux à ce moment-là, car lorsque nous sommes attaqués, nous ressentons de la douleur et cette douleur devient un désir de vengeance, un désir de justice, un désir que l'autre ressente aussi ce que nous ressentons.

C'est pourquoi il est si difficile d'aimer notre prochain et en même temps de pardonner à ceux qui nous ont fait du mal, car il nous est difficile de guérir notre douleur, de guérir notre colère, il nous est difficile de regarder le visage de la personne qui pour une raison quelconque a décidé un jour ou un moment de sa vie de nous faire du mal, il nous est difficile de comprendre comment quelqu'un peut faire du mal à une autre personne et en profiter pour diaboliser ce dernier en retour, afin de justifier ses délires. Cependant, malgré tout ce que nous subissons des autres, le pardon est devenu notre seul chemin de libération de soi et de sortir de la domination de l'autre. Ainsi, pardonner est se libérer avant tout de l'emprise de la haine et de la colère qui nous rongent le cœur à tout bout de champ.

Conclusion

Dans ce monde bourré de préjugés et de discrimination, où l'injustice a été officiellement instaurée par les puissants et certains des plus riches, un monde où la violence règne arbitrairement pour défendre les intérêts d'un petit groupe sans foi, ni loi. Je veux croire que l'unique réponse à tous ces fléaux n'est autre que l'amour. N'ayons pas peur, chers lecteurs, d'aimer à temps et contre temps quoiqu'il arrive et nous serons sans doute heureux après, peu importe le prix à payer. Car, si le cœur de l'homme est le centre de l'amour, cela veut dire que nous ne pouvons pas limiter nos gestes d'amour, puisque le cœur lui-même n'a pas de limites. N'essayons même pas, car celui qui cherchera à limiter l'amour, limitera en même temps toute sa capacité à grandir et à s'épanouir dans le monde. Parce que l'amour n'a pas de limites, c'est une règle de vie, c'est peut-être la règle la plus importante à respecter pour vivre sur cette Terre.

Sans doute, nous avons un urgent besoin de nous aimer les uns, les autres, même si cela semble impossible pour certains, sinon, nous risquerons de plonger dans la plus terrible catastrophe humaine, celle de la haine et de la méchanceté des monstres de ce monde qui utilisent les médias qu'ils ont eux-mêmes formatés pour mieux manipuler la conscience collective des plus fragiles de notre société. Car, sans l'amour qui cherche en premier le bien-être de l'autre, nous courons directement vers la fin de notre civilisation sur cette planète.

Pour ceux qui se disent chrétiens, je vous le rappelle, l'acte de foi véritable ne peut être qu'un acte d'amour, car notre Dieu est amour et tout ce qu'il a fait, il le fait par amour. Si vous croyez que l'acte d'amour est synonyme d'un acte de lâcheté ou d'une quelconque faiblesse, vous vous trompez grandement, car l'amour est un acte héroïque avant tout. D'ailleurs, celui qui est vraiment libre dans ce monde est celui qui est capable d'aimer et de pardonner. Une âme qui n'est pas capable d'aimer, ne peut pas être non plus capable de voir le vrai visage de Dieu ou encore de le découvrir, dans les autres. Puisque la demeure de Dieu, c'est le cœur de l'homme capable d'aimer et de sourire à la vie. De plus, le vrai amour du prochain nous conduit directement vers une union parfaite avec nous-mêmes et avec l'être suprême.

Libres de tout, nous le sommes vraiment, sauf de notre amour pour autrui. Et vous, qu'attendez-vous pour commencer à aimer les autres, y compris vos bourreaux et vos ennemis, en pardonnant d'abord leurs offenses. Et s'il vous arrive de souffrir par amour pour vos prochains, souffrir comme Maximilien Kolbe, comme Martin Luther King Jr., Mgr. Oscar Romero, Gandhi, Nelson Mandela, Toussaint Louverture, Jean Jacques Dessalines, Che Guevara, Malcolm X, Patrice Lumumba, Thomas Sankara, et tant d'autres martyrs des temps modernes.

Devant tous nos désirs et nos passions, il faut reconnaître, que ce dont nous avons vraiment besoin pour vivre, c'est d'aimer sans mesure. Ainsi, nous finirons par nous affranchir des coulages et des chaînes qui ne cessent de nous enfermer et de nous attacher les uns, aux autres afin de nous exterminer comme des animaux de trait incapables de fournir les services nécessaires à leurs maîtres toujours insatisfaits de leurs rendements de leur bétail. Car rappelez-vous que de l'amour jaillirait de la vie, la paix et le bonheur parfait pour tout le genre humain.

Bibliographie

Jean BARBIER, Le père Monier : e nomade qui a vu le Christ, Mulhouse, Salvador, 1979

Hérold TOUSSAINT, Lire Erich From en Haïti, Port-au-Prince, Imprimerie H. Deschamps, 2003

Gustavo GUTIERREZ, La force historique des pauvres, Paris, Cerf, 1986 André CUVELIER, Les chemins de l'amour, Québec, Éditions, Paulines, 1972

Elisabeth de la Trinite, Pour son amour j'ai tout perdu, Paris, Cerf, 1984

Malcolm MUGGERIDGE, Mère Teresa de Calcutta, Paris, Seuil, 1973

Hans Uss Von Balthasar, L'amour seul est signe de Foi, Vienne, Aubier Montaigne, 1966

André FROSSARD, N'oubliez pas l'amour, Paris, Robert Laffont, 1987

Dom Claude JEAN-NESMY, L'amour du Christ, Paris, Desclée de Brouwer, 1950

Mercedes d'ADHEMAR, L'amour du père, Toulouse, Polycopie S.C.O.P Les Dominos, 1969

Gustavo GUTIERREZ, Job, Paris, Cerf, 1987

Alain DURAND, J'avais faim, Paris Desclée de Brouwer, 1995

Theodore Isaac RUBIN, Trouver la paix en soi et avec les autres, Montréal, Éditions de l'Homme, 1982

Bruno CHENU, Le Christ noir Américain, Paris, Jésus et Jésus-Christ, Desclée, 1984

Mahatma GANDHI, Tous les hommes sont frères, Collection Folio essais, Gallimard, 1969

www.ingramcontent.com/pod-product-compliance
Lightning Source LLC
Chambersburg PA
CBHW070234220526
45465CB00004B/1423